**丛书主编**

王大明　刘　兵　李　斌

**编委会成员**
（按姓氏音序排列）

陈印政　柯遵科　李　斌
李思琪　刘　兵　刘思扬
曲德腾　施光玮　孙丽伟
万兆元　王　静　王大明
吴培熠　杨　枭　杨可鑫
云　霞　张桂枝　张前进

# 顶天立地

## 通信与航天科学工程师

王大明　编

中原出版传媒集团
中原传媒股份公司

大象出版社
·郑州·

图书在版编目(CIP)数据

顶天立地：通信与航天科学工程师／王大明编．—郑州：大象出版社，2024.4
（中外科学家传记丛书／王大明，刘兵，李斌主编）
ISBN 978-7-5711-1942-3

Ⅰ.①顶… Ⅱ.①王… Ⅲ.①通信技术-科学家-列传-世界②航天工业-科学家-列传-世界 Ⅳ.①K815.616

中国国家版本馆 CIP 数据核字(2024)第 008139 号

中外科学家传记丛书

## 顶天立地　通信与航天科学工程师
DINGTIAN LIDI　TONGXIN YU HANGTIAN KEXUE GONGCHENGSHI

王大明　编

| 出 版 人 | 汪林中 |
|---|---|
| **项目策划** | 李光洁 |
| **项目统筹** | 成　艳　董翌华 |
| **责任编辑** | 张韶闻　高　莉 |
| **责任校对** | 李婧慧　张绍纳 |
| **装帧设计** | 王莉娟 |

| 出版发行 | 大象出版社（郑州市郑东新区祥盛街 27 号　邮政编码 450016） |
|---|---|
| | 发行科　0371-63863551　总编室　0371-65597936 |
| 网　　址 | www.daxiang.cn |
| 印　　刷 | 河南瑞之光印刷股份有限公司 |
| 经　　销 | 各地新华书店经销 |
| 开　　本 | 890 mm×1240 mm　1/32 |
| 印　　张 | 6.5 |
| 字　　数 | 139 千字 |
| 版　　次 | 2024 年 4 月第 1 版　2024 年 4 月第 1 次印刷 |
| 定　　价 | 26.00 元 |

若发现印、装质量问题，影响阅读，请与承印厂联系调换。
印厂地址　武陟县产业集聚区东区（詹店镇）泰安路与昌平路交叉口
邮政编码　454950　　　　电话　0371-63956290

# 总　序

马克思和恩格斯合写于19世纪40年代的《共产党宣言》中，曾有这样一段生动的描述："自然力的征服，机器的采用，化学在工业和农业中的应用，轮船的行驶，铁路的通行，电报的使用，整个整个大陆的开垦，河川的通航，仿佛用法术从地下呼唤出来的大量人口——过去哪一个世纪料想到在社会劳动里蕴藏有这样的生产力呢？"马克思和恩格斯说的那一切，还不过是19世纪的景况。到了21世纪的今天，随着核能、电子、生物、信息、人工智能等各种前人闻所未闻的科学技术的飞速发展，人类社会面貌进一步发生了翻天覆地的甚至马克思那个年代都无法想象的巨变。造成所有这一切改变的最根本原因，毫无疑问，就是科学技术。而几百年来，推动科学技术发展的直接力量，就是一大批科学家和技术专家。

中国是这几百年来世界科学技术革命和现代化的后知后觉者，从16世纪末期最初接触近代自然科学又浅尝辄止，到19世纪中期晚清时代坚船利炮威胁下的西学东渐，再到20世纪初期对"德先生"和"赛先生"的热切呼唤，经过几百年的尝试，特别是近几十年的努力，已逐渐赶上世界发展的潮流，甚至最近还有后来者居上的势头。例如，中国目前不但在经济总量上居于世界第二的地位，而且在科学研究的多个前沿领域也已经名列国际前茅。最可贵的是，中国已经形成了一支人数众多、质量上乘的科研队伍。

利用科学技术来推动社会经济的发展，中国已经尝到了巨大甜头，科学技术是第一生产力的观点深入人心。从政府到民间，大家普遍关心如何进一步落实科教兴国战略、推动创新促进发展，使中国在科技创新方面更具竞争优势，培养和造就出更多的科技创新人才，使中国在现代化道路上能走得更长远、更健康。

为实现上述目标，一方面需要提高专业科学研究队伍的水平，发扬理性思考、刻苦钻研、求真求实、勇于创新的科学精神；另一方面也需要增强和培育整个社会的公众科学素养，造就学科学、爱科学、支持创新、尊重人才的文化氛围。这套"中外科学家传记丛书"的编辑和出版，就是出于这样的考虑。

通过阅读和学习科学家传记，一是可以更深刻地理解科学家们特别是那些在重大历史转折关头做出了伟大贡献的科学家的科学思想和创新方法，二是可以更鲜活地了解到科学家们的科学精神和品格作风，三是可以从科学家们的各种成长经历中得到启发。

本丛书所收录的200多位中外著名科学家（个别其他学者）的传记，全部都来自中国科学院1979年创刊的《自然辩证法通讯》杂志。该杂志从创刊伊始就设立了一个科学家人物评传的固定栏目，迄今已逾四十年，先后刊登了200多篇古今中外科学家的传记，其中包括文艺复兴时期的欧洲科学家、远渡重洋将最初的西方近代科学知识带到中国的欧洲传教士，当然大部分都是现代科学家，例如数学领域的希尔伯特、哈代、陈省身、吴文俊等，物理学领域的玻尔、普朗克、薛定谔、海森伯、钱三强、束星北、王淦昌等，以及天文学、地学、生物学、计算机科学和若干工程领域的科学家。值得指出的是，这些传记文章的作者，大都是在相关领域学有专长的专家学者。例如：写过多篇数学家传记的胡作玄先生，是中国科学院原系统科学研究所的研究员；写过多篇物理学家传记的戈革先生，是中国石油大学的物理学教授；此外还有北京大学、清华大学、上海交通大学、中国科技大学等多所国内著名大学的教授，以及中国科学院、中国医学科学院和中国科技协会等研究机构的专家。所以，这些传记文章从专业和普及两个角度看，其数量之多、涉及领域之广、内容质量之上乘、可读性之强，在国内的中外科学家群体传记中都可以说是无出其右者。

考虑到读者对象的广泛性，本丛书对原刊物传记文章进行了重新整理编辑，主要集中在如下几个方面：一是在总体设计上，丛书共分30册，每册收录8篇人物传记；二是基本按照学科领域来划分各个分册；三是每分册中的人物大致参考历史顺序或学术地位来编排；四是为照顾阅读的连续性，将原刊物文章中的所有参考资料一律转移到每分册的最后，并增加人名对照表。

当前，中国正处在从制造大国向创造大国转变、急需更多科技创新和科技人才的重要历史时刻，希望本丛书的出版对于实现这个伟大目标有所裨益，也希望对广大青少年和其他读者的学习生活有所帮助。

# 目 录

*001*
贝尔 有线电话之父

*027*
特斯拉 电气化技术的重要开拓者

*049*
从波波夫到马可尼 把无线电之蛋立起来的人

*077*
肖克利 毁誉参半的半导体科学家

*099*
冯·卡门 航空航天中的乘风扶摇者

*123*
雅科夫列夫 苏联传奇飞机设计师

*149*
科罗廖夫 从囚徒到苏联运载火箭之父

*167*
冯·布劳恩　20世纪火箭工程的奠基人

*191*
参考资料

*195*
人名对照表

# 贝尔
## 有线电话之父

**亚历山大·格雷厄姆·贝尔**
(Alexander Graham Bell, 1847—1922)

第二次工业革命的重要内容是电气工业的兴起,而电气工业初期有四个巨头:威斯汀豪斯、爱迪生、贝尔和特斯拉。1846 年 10 月 6 日,威斯汀豪斯在美国纽约出生;4 个月后,1847 年 2 月 11 日,后来号称"发明大王"的托马斯·爱迪生在美国俄亥俄州出生;又过了不到一个月,1847 年 3 月 3 日,未来的电话之父亚历山大·格雷厄姆·贝尔在大洋彼岸苏格兰爱丁堡出生。半年之内,三个未来的电气巨头相继出生,也算一件令人称奇的事情。四巨头中的第四人特斯拉,则在此之后十年,出生在欧洲的克罗地亚。

## 一、少年时代

贝尔成长在一个语言学世家。他的祖父是位喜剧演员,嗓音纯正,口齿清晰,还时常讲授关于如何发声和演讲的课程,出版过一本论述口吃的著作和一本关于演讲术的著作,被誉为"驰名的演讲术教授"。

贝尔的父亲由于发明了"可视语言"而成为世界闻名的语音和演讲教师。"可视语言"是一套可以写在纸上的表达语音的符号系统,各种不同的符号分别代表喉咙、舌头和嘴唇的动作。因此这套系统不仅能在英语中使用,还可以在其他语言中使用。

贝尔的母亲尼·伊莱扎·西蒙兹比他父亲大 10 岁。当他父亲最初遇到她时，她是一名画家。那时她的听力已经很糟糕了，要通过一支听管才能听到声音，却弹得一手好钢琴。

贝尔父母亲的性格和习惯极为不同。母亲非常虔诚，观察力很敏锐。父亲对做礼拜这类事总是漫不经心，甚至有点儿怀疑论倾向。但他们之间的感情极为融洽和美。贝尔的母亲去世后，他父亲曾在信中说：

> 她是那样善良，那样温柔，在五十二年的共同生活中，我从未看见她那甜美的脸上皱起眉头。

贝尔很小的时候就表现出他母亲那样高的音乐天赋。看到他弹钢琴进步很快，母亲曾请来当时一位著名的钢琴家给他上课。曾有过那么一段时期，贝尔和他的老师都期望将来有一天他能成为大型音乐会的钢琴手。当然，这个希望没有保持多久。

像许多著名科学家一样，贝尔小时候的功课实在不怎么样。他对拉丁文和希腊文课程腻烦透了，对数学简直一筹莫展，对物理和化学连碰都不敢碰。那时他的最大兴趣是大自然，解剖过好几种动物。他一度还对当时使用玻璃片底板的原始照相术非常入迷。

大约14岁时，贝尔在一位朋友的父亲的鼓励下完成了他的第一项发明。那位老人有一座磨坊，恰巧叫"贝尔磨坊"。在磨面过程中有一个问题需要解决，就是要在麦粒碾碎之前把碾上来的糠皮去掉。贝尔认为用硬毛指甲刷干这个事情比较合适。他还发现磨坊里有一个搅拌桨板装置，就建议老人把这个装置改装为一个旋转轮刷。老人照着做了，效果非常好，该装置用了很多年。

15岁时，贝尔到达了他"一生的转折点"。这年，他从读了四年的六年制中学退了学，到伦敦同72岁的祖父生活在一起。身为语音学教师的祖父对孙子要求非常严格，又善于引导。他常常和孙子一起朗诵莎士比亚的作品，激发孙子的朗诵天赋。倔强的老头儿命令孙子脱去少年的服装，戴上羊羔皮手套，头戴大礼帽，手持拐杖，变成地地道道的伦敦绅士。贝尔对都市生活的种种约束感到不大自在，却第一次意识到人的独立性和目标的严肃性。一年后回到家乡时，他感到自己已经由"一个不大成熟的孩子变为一个成人"了。

在贝尔由伦敦返回爱丁堡之前，父亲曾带他到当时著名的电气实验家查尔斯·惠斯通爵士的实验室参观。几年前，这位实验家曾研制出一种"说话机器"。据爵士说，几百年前就有人致力于这种发明，都未获得成功。爵士演示他制作的说话机器时，机器"说"出了几个简单的词和句子，声音吱吱嘎嘎含混不清。

这激发了贝尔的极大兴趣。回到家乡后，他和哥哥梅利一起制造"说话机器"。他们的模型同惠斯通的大不相同。他们复制了一套近似于人的发声器官。他们用白铁皮做喉管，用橡皮做喉头和声带，用杜仲胶制造出颌、牙齿、咽和鼻腔，并制出橡皮嘴唇和面颊，上下腭是用橡胶和棉花做的。舌头最令他们头痛，最后用套上胶皮的六段活节把问题解决了。不过使用时还要靠杠杆操纵舌头的起落。至于肺，他们只好自己上了，用嘴去吹气管。

当然，这种笨方法不可能获得真正的成功。不过令他们略感欣慰的是，有一次这个模型发出的带哭腔的"妈妈"声非常逼真，以至于善良的邻居担心地前来询问"小宝贝"是否有些不适。对于这两个发明新手来说，这算是不错的结果了。从此让机器说话的梦想深深地印在贝尔的脑海中。

## 二、语音教师

　　家庭的影响和自己的天赋，使贝尔十六岁时就在苏格兰北海岸埃尔金的一所"培养小绅士"的学校——西屋学校里教演讲术和音乐，而且十分成功。1864年夏天他回到爱丁堡深造。1867年贝尔以优等成绩在爱丁堡大学毕业，又到西屋学校任助理教师。在那里，贝尔继续探索讲话的奥秘。为了确定元音的音调，他把许多不同的音叉放在嘴边，看看什么调的音叉会发出共鸣。他把自己的这种实验方法告诉当时著名的语音学家亚历山大·埃利斯。埃利斯说，贝尔实际上独立地重复了杰出的科学家亥姆霍兹的方法。埃利斯还提到，亥姆霍兹利用电磁振荡来使音叉组中的某一音叉振动，并通过控制不同音叉的音量来发出元音。

　　显然，贝尔误以为亥姆霍兹已经能把声音通过电流从某一地点传递到另一地点了。由于这个完全错误的印象，把声音传送到远处某地的想法在他的头脑中扎下根来，并在近十年后得以实现。

　　1868年，贝尔开始利用父亲创造的可视语音教耳聋的孩子说话。在这个时期，贝尔就有了做电学和电报的业余爱好。不久，贝尔的祖父去世了，贝尔就到伦敦当父亲教学工作的助手，并在伦敦大学选修了解剖学和生理学课程。

1870年2月和5月，贝尔的弟弟泰德和哥哥梅利不幸先后死于肺结核病。悲痛万分的父亲感到恐惧：谁能保证病魔不会威胁到他剩下的这个儿子呢？经过深思熟虑，他决定离开气候潮湿阴冷的苏格兰，全家迁往北美。这一年的7月，他们漂洋过海来到了加拿大安大略省的布兰特福德。身体虚弱的贝尔并不情愿离开英国，但过了一段时间，他不仅情绪恢复正常，身体也渐渐强健。

　　美国波士顿当时有一所聋童学校，该校的女校长萨拉·富勒早就听说过贝尔父亲曾利用可视语音系统来培养聋童的说话能力。1871年贝尔到该校任教。不久，贝尔又被邀请到宾夕法尼亚州北安普顿的克拉克学校，只用了几个星期，他就帮助那里的聋童学会了400多个英语音节的发音。

　　1872年秋，贝尔在波士顿定居，开办了一所专门培养从事聋人教育的教师的学校。第二年，他成为波士顿大学的发音生理学家和演讲术教授，并继续从事聋童的教育工作。

## 三、从多工电报到电话

　　贝尔出色的教学工作，使他有机缘结识了两个人，这两个人对他后来事业的发展有着重要影响。其中一个人是加德纳·格林·哈伯德。他是克拉克学校的董事长，聋童教育的积极赞助人，又是一位成功的商人和律师，并身兼机械和电气发明的专利代理人。他的女儿梅布尔在五岁时由于一场猩红热听力丧失。哈伯德一直对传统的单靠符号的聋童教育方法甚为不满，并一直请教师用口头方法教女儿说话。当他发现贝尔用的可视语音方法后，如获至宝，两个人很快成了莫逆之交。后来，哈伯德成了贝尔的岳父。事实证明，这位岳父是再理想不过的人选了。

另一个人是托马斯·桑德斯。他五岁的儿子乔治是贝尔的学生。这个小孩由于贝尔的指导获益极大，这样桑德斯也成为贝尔的好友，而且他和哈伯德后来都成了贝尔的"业余爱好"——电气发明的赞助人。

最初，贝尔搞电气实验的主要目的是研究发声的规律。但是，一项新采用的发明使他改变了自己的主攻方向。1872年年底，他在波士顿的报纸上看到西部联合电报公司采用了斯特恩斯的双工电报系统的消息。这项新发明使原来的单根电线由同一时间只能发送一份电报变为可以同时对发两份电报，效率提高了一倍。斯特恩斯也一下子成了富翁。

这使贝尔又想起了早就听埃利斯讲过的亥姆霍兹实验。一年前，贝尔家的一位朋友、麻省理工学院的朗诵术教授刘易斯·门罗提议贝尔利用该校的同类设备重做这个实验，并借给贝尔有关声学的最新著作。在实验中，贝尔用音叉做断续器，即用一般音叉的振动端来产生音频断续电流，并用该断续电流产生的磁力不断变化的电磁铁使另一音叉振动起来。

贝尔突然意识到，他的实验实际上提示了一种实现多工电报而不仅仅是双工电报的方法。若将几个亥姆霍兹音叉分别调谐到不同的频率，每个断续器就可以传送一份电报。这个想法如能实现，一根电报线就能起到原来数根电报线的作用，这将会带来何等的经济效益啊！

当然，贝尔当时并不知道，除他以外，西部电气制造公司的霍利·格雷尔以及尚未成名的爱迪生等人也开始研究多工电报。哈伯德和桑德斯了解到贝尔的想法后，立即解囊相助，不过有一个附加条件：如果将来该项发明带来什么利益的话，他们将各分享三分之一。

贝尔面临的首要难题是要制出一种能分离出不同频率的组合电报的接收机。他虽然是位发明天才，却远不是个能工巧匠。他可以设想出自己的各种实验装置，却不知道怎样才能把它们制造出来。于是他到波士顿法院街一家由查尔斯·威兰斯开办的仪器工厂去寻求帮助。这个小工厂的名声颇高，能够根据订单为用户制造任何一种复杂的电气仪器。说来也巧，几年前爱迪生正是在这里的车间完成了他最初的发明，因此，后来这个地方被称为"发明的圣地"。

一天，一位名叫托马斯·沃森的青年技工正在车间里干活。他手艺高超，这天当他制作出一种雷管引爆实验装置时，突然看到一位身材瘦高的人径直向他走过来。这个人头发浓密黑亮，面色苍白，鼻子很大，高高的前额微微后倾，留着小胡子和落腮胡子，动作敏捷干脆。他就是亚历山大·贝尔。原来，厂里已经决定让沃森担任贝尔的助手。后来，他们成了再默契不过的一对搭档。

贝尔关于电话原理的设想大约产生于 1874 年夏季前后。他的思想迸发过程我们不大清楚，但他在半年后首次向沃森吐露了自己的想法。后来沃森回忆说：

一天晚上，我们因搞这个（电报）装置搞得筋疲力尽而稍事休息时，贝尔对我说："沃森，我想把我的另一个想法告诉你，我看准会使你大吃一惊……"他讲的字字句句我一直都没有忘记，从那时起就像数学公式一样留在我的脑海里。他说："如果我能让电流的强度精确地随着声音发出时空气密度的波动而变化，我就能用电传方法传送话音。"随后他画了一张他打算制造的装置的草图给我看，我们讨论了把它制造出来的可能性。总之它的花费太大，而且它能工作的机会太不确定，不足以打动他的经费支持者。他们坚信，对贝尔来说，最明智的是完成谐音电报机，那时他就会有钱和闲功夫去建造电话之类的空中楼阁了。

贝尔还曾去请教美国科学界的元老约瑟夫·亨利。一开始他介绍了自己搞的多工电报，最后又踌躇地介绍了自己有关电话的设想。亨利指出这是"一项伟大发明的萌芽"，并催促他去研制而不要简单地发表自己的想法。当贝尔说明自己没有必备的电学知识时，亨利直截了当地说："掌握它！"

根据赞助人的意见，贝尔只好先去搞他的多工电报。1875年6月2日下午，天气异常闷热，贝尔和沃森仍在威兰斯的电气车间顶上的阁楼苦干。他们用螺丝钉把铁簧片紧固在电磁铁的磁极上来代替电磁音叉。沃森在一间小屋里摆弄一组电磁簧片，用电线连通的另一组电磁簧片放在另一间屋子里由贝尔监听。不听话的簧片让人急疯了，螺丝松了不行，太紧了簧片又会贴在磁极上无法振动。当一个不听话的簧片又不振动时，沃森用手指头拨了一下想让它恢复振动，结果依然如故。这时，突然传来一声喊叫，紧接着贝尔冲出他的房间，嚷道：

刚才你干什么来着？什么也别改变，让我看看！

原来，在沃森拨动簧片的同时，贝尔听到接收端的簧片发出一种包含着许多泛音的音色丰富的拨琴弦似的声音，这和他平时听到的嘶哑的嗡嗡响声完全不同。问清原委后，贝尔立即想到：沃森拨动簧片的时候，弹片离开了磁极，振动得像一个膜片，送出了连续变化的电流，而过去簧片仅仅是在或触或离地振动，电流是断断续续的，声音当然难听。贝尔又很快联想到：如果不是拨动簧片，而是靠说话的声音振动簧片，不是也可以引起相应的电流波动吗？这恰恰是对一年前最初电话设想的突破，当时他苦于无法将非单一频率的声音变为波动电流，现在终于有了一个可以试试的办法了。

不成功的多工电报实验启示了实现电话设想的方法，这正是一次意义非凡的机遇！而这机遇之所以成为真正的机遇，不仅仅因为正好该装置能把振动变成波动电流，不仅仅是正好有人去拨动簧片，也不仅仅是正好有人守在接收端旁，更重要的是因为贝尔有一颗"有准备的头脑"，他一直对电话设想念念不忘。

意外的收获使贝尔坚信，感应电流并不是微弱得无法利用。他还认为，用膜片代替簧片一定能研制出更好的受话器。

于是贝尔用一张羊皮纸膜加强簧片的振动力量，这样收听的人可以听到对方说话的微弱嗡嗡声，但听不清说的是什么。此后的几个月一直进展不大。1876年年初,贝尔想到了一种巧妙的办法:在圆筒的下口蒙上一层膜片,膜片的中央向下伸出一根楔形针,该针部分浸在含电解质的溶液里,那么,随着膜片的振动,针与溶液的接触面积就会不断改变,那么经过针和溶液的电路的电阻也将发生变化,并引起与之串联的听筒线圈电流的变化,达到传声的目的。贝尔对自己的新思想满怀信心,未等到实验结果就于2月14日向美国专利局递交了他的第一份有关电话的专利申请。事后证明,这真是太及时了!

新的实验方法也不是一帆风顺的,半个多月都没有结果。3月10日,沃森突然从一直不争气的听筒里听到了非常清晰的呼叫声音:

*沃森先生,快来,我需要你!*

原来,贝尔不小心把蓄电池里的硫酸溅到身上,不禁大叫起来。这竟成了科技史上值得永远流传下去的一句话。沃森大喊道:

*我听见了,听见了!*

两个人情不自禁地奔到一起,紧紧地相互拥抱。贝尔此刻的心情是无法平静的,三天前,他的电话专利申请得到了美国专利局的批准,而今天,电话真的研制成功了。这证明了他所抱定的信念是对的。他在十几天前给父亲的信中就断言:

一切都是我的，我肯定会取得荣誉、财富和成功。

## 四、轰动世界

也许是又一次幸运的巧合，这一年（1876年）正是美国独立一百周年，6月在费城举办的百年纪念博览会为电话的宣传提供了一个极好的机会。

哈伯德正好是马萨诸塞州（波士顿所在的州）科学与教育展览委员会的委员，他极力要求贝尔参加这个博览会。由于他的努力，博览会增加了一张展桌，桌后墙上贴的标牌上写着：

电报及电话装置，由 A. 格雷厄姆·贝尔研制。

贝尔本人却顽固地拒绝出席博览会，他宁愿去处理聋童学校的事务。最后是他的未婚妻梅布尔硬把他拉到火车站。事后贝尔谈到他"一点儿也不想离开波士顿"，但看到这位姑娘（当时只有18岁）苍白而焦急的面容时被感动了，于是登上了火车。

1876年7月25日，一群特邀的著名专家对电气展览进行评判。闷热的天气使专家们汗流浃背，而无数的展品又使他们眼花缭乱。当他们来到贝尔所在展厅时，已疲惫得无力顾及安放在楼梯旁角落里贝尔的那张小展桌了。这时，人群中突然有一个人向贝尔走去，并向贝尔热情地打招呼。此人正是年轻的巴西皇帝佩德罗二世。巧得很，这位陛下在 11 天前刚刚在波士顿访问了贝尔的聋童学校，对他的教学方法深表钦佩。如今发现他还是位电气发明家，便惊奇地询问他发明的东西。

皇帝陛下的驻步，使那些评判委员们也走了过来想看个究竟。著名的英国科学家威廉·汤姆孙——后来的开尔文勋爵有幸第一个在走廊的另一头拿起了听筒，当听筒里发出"你听懂我说什么了吗？"的问话时，他惊愕极了，不由得跑到贝尔跟前，说自己确实听懂了。佩德罗二世拿起听筒时，听到贝尔正在朗诵《哈姆雷特》的台词"是或不是"，他一下子从椅子上跳了起来，大喊道：

我听见了，我听见了！

电话这一绝妙的发明引起了一片轰动。宾夕法尼亚大学的一位教授说：

我听到用电气方式传送说话声音的消息非常惊讶和高兴。这个装置一展出它的作用方式就一目了然了。它是一项简单得惊人的发明，令第一次看到它的人感到奇怪的是，它怎么没在很早以前就被发明出来呢？

汤姆孙也在当晚兴奋地谈到，昨天认为不可能的事，今天就目睹了它的实现，这是他在美国见到的最惊人的东西。

在一片赞叹声中，贝尔获得了"百年纪念奖"。就这样，他的电话在极短的时间里为公众所知,这是任何广告商都无法做到的。

当时的电话还需要做许多改进,以扩大通话距离。一两个月后,贝尔在父母家附近,成功地把通话距离扩大到七八千米。此时,沃森辞去了威兰斯工厂的职务,一心同贝尔合作,他获得了贝尔电话十分之一的专利权。1877年2月13日,《波士顿环球报》的头版印着醒目的大字标题:

电话传送:电线传送人类声音报道的第一条报纸快讯

原来,头一天贝尔在18英里以外的塞勒姆向正在波士顿的沃森口述了一篇该报记者要求电传的新闻,以证实电话长途通话的能力。不久,贝尔的两位日本学生也试用了电话,证明用日本话也可以打电话。

1877年夏,对贝尔可以说是双喜临门。在百年博览会上成功之后仅一年,他就筹建起贝尔电话公司,开张营业。与此同时,他同爱慕已久的姑娘梅布尔·哈伯德结了婚。

刚刚成立的贝尔电话公司采用了贝尔岳父哈伯德的一条极为明智的建议:不采用出售电话而采用出租电话的办法扩大业务。这就使许多对使用电话是否必要、是否合算而拿不定主意的顾客打消了顾虑,因为这可以避免一开始就支付一大笔开支。实际上,人们一用上电话,就觉得离不开它了。结果,由于可以长期收取电话费,对公司来说反而更合算。事实证明,这个建议对于公司的发展是至关重要的。

贝尔公司在纽黑文设立了世界上第一个电话局，最初只有21家用户。但是仅仅一年以后，单在纽约的用户就增加到数千家。1881年，电话首次通话约5年后，贝尔夫妇的资产便已达上百万美元。这一年，德国柏林的第一个电话网也交付使用。1910年，全世界的电话用户超过了1000万。

## 五、略胜一筹

贝尔对电话的发明权是举世公认的。但是事实上可以毫不夸张地说，就像一次马拉松比赛，贝尔在冲刺时仅先于对手一肩之隔。

事情是这样的。1876年2月14日，美国专利局在收到贝尔的电话专利申请之后仅几个小时，又收到了另一个人提出的关于电话的专利申请，其中也叙述了利用液体可变电阻制造送话器的方法，与贝尔的极为相似。在重大发明的历史上，这真是令人难以置信的巧合。

这个人叫伊莱沙·格雷，当时41岁，是电气工程师和职业发明家。从他的种种背景来看，似乎应该抢在贝尔之前。他早在9年前就发明了自调式继电器，后来又建立了美国首屈一指的电气设备公司。

他在1872年了解到西部联合电报公司采用新发明的双工传送系统消息后，也想到了多工电报系统将能带来更惊人的效益，但苦于一时找不到解决问题的方法。这时，熟悉声学的贝尔已决定沿着电磁音叉的方向前进了。

1874年年初的一天，格雷的侄子在摆弄他的电磁振荡电路时，格雷听到了一种与平时不同的嗡嗡声，他仔细一看，原来是侄子将电磁铁感应线圈的一根接头放在一个澡盆的边沿上轻轻摩擦。格雷发现，若改变电磁铁簧片的振动频率，嗡嗡声的频率也会改变。这不是可以改造成某种发声—送声装置吗？

格雷不久就研制出了一种由电磁铁和铁膜片组成的扬声器以代替那个需要不断摩擦的澡盆，效果好多了。这使格雷很快想到这种装置的潜在用途之一是用一组频率不同的发声器制造一种电琴（类似于后来的电子琴，他称为音乐电报），另外两种用途是多工电报和电话。

此时格雷一下子赶上了正在笨手笨脚一筹莫展地试制多工电报的贝尔。但是格雷把电话复杂化了。他误以为每只送话器只能传送单一频率的声音，而人声的频率是极复杂的。好在根据傅立叶变换原理，任何复杂的波形都可以分解成一组特定的正弦波，这样为了传送人声就必须同时使用若干不同频率的送话器。这似乎太复杂、太遥远了，于是格雷把精力放在多工电报上。

贝尔听到格雷也在研制多工电报的消息后，加快了自己研制的进度。同时他对电话的考虑越来越多，1875年6月后他把全部注意力转向电话。

格雷对贝尔转变工作方向一事不以为然。他在这一年的10月给他的专利律师写的信中说道：

> 贝尔似乎把他的全部精力花在通话电话上。虽然在科学上这是很有意义的，但目前它并没有商业价值，因为电

报业用现在采用的方法沿一条线可以传送的电报比用这种系统要多。目前我不想把我的时间和资金花在这项不会取得效益的研究上。

看来，格雷由于工程师的职业习惯而被弗兰西斯·培根所说的"洞穴偶像"遮住了眼睛。用评价电报效率的方式即计算发报字数的办法来估计电话是行不通的，也许对电报专家来说，莫尔斯电码就像字母那样好用，但一般顾客可没有这种本事。至于那些通过电话窃窃私语的情人们，又怎么会乐意使用电报呢？尽管如此，几个月后，当格雷看到两个小孩在玩由两只空锡罐和一根绷紧的弦组成的"电话"时，大受启发，很快想出了用膜片和液态可变电阻制造送话器的办法。格雷想到这种办法要比贝尔容易多了，因为他的公司已在制造和销售一种液体可变电阻。

此时，若格雷立即申请专利就能捷足先登，但他看不到电话的价值而忙于多工电报，最后申请时间比贝尔晚了几小时。

贝尔在30多岁就获得了极大成功，在滚滚而来的荣誉和财富的包围下，他一直进行着他的双重工作：发明和聋人教育。他在1879年买了一套《不列颠百科全书》，竟从头到尾读了一遍。他和成功以前几乎没什么两样，当然这不包括他的体形。由于他妻子的努力，结婚才几个月，他的体重就由原来的75千克增至91千克，后来竟达113千克。

贝尔是个出名的"夜游神"。他宣称，没有夜晚就等于剥夺他的生命。他常常工作到深夜，在凌晨独自散步或沉浸在自己弹奏的钢琴曲里，一直熬到早上4点钟才上床睡觉。为了不让他自己发明的电话的讨厌铃声妨碍他的睡眠，他常常用毯子将电话裹起来。1895年他去日本旅行，人们安排他在某天上午晋见天皇。这天，他的仆人不得不把他从床上拖起来，给他穿上衣服，扶着他进入皇宫。他迷迷糊糊地会见了天皇，回到饭店又躺倒在床上。下午2点钟他醒了，问仆人什么时候领事来带他去见天皇。

贝尔还有许多古怪的毛病和习惯。他非常怕热。他喜欢树木和山岗、湖泊和岩石，甚至下雨和刮风，却不能容忍在睡觉的时候有一缕月光落在他身上或他喜欢的东西上。他有些孤僻。在百年博览会的辉煌成功后，他在信中对梅布尔说："我常常感到自己喜欢躲在看不见的角落里。"他还说过自己"以某种方式显得对事比对人更感兴趣"。

## 六、电话之外

几乎所有的人都认为电话是贝尔最重要的成就，大概唯一的例外是贝尔本人。他认为自己有一项发明不亚于甚至超过了电话，这就是光话机。

贝尔是1878年在伦敦皇家学院演讲时提出这一设想的。1879年，贝尔开始动手研制光话机。这一次他请了另一个在威兰斯电气工厂工作过的青年技工查尔斯·泰恩特做他的助手。就在贝尔的二女儿出生的那个月——1880年2月，贝尔和泰恩特首次成功地进行了光束通话的实验。他们把一块自己研制出来的很灵敏的硒光电池串入电话线路。阳光通过远处一面与话筒连接的反光镜照射到硒电池上。这样，说话的声音将引起反光镜的振动，并影响到硒电池接受的光通量，这就使听筒线圈的电流发生变化，最后发出声音来。不久，光束通话的距离扩大到213米，贝尔风趣地说：

> 我清楚地听到了阳光发出的声音：我听到阳光在笑，在咳嗽和歌唱。我能听到阴影，还能用耳朵察觉出一朵云彩在太阳前面经过。

他称他的新发明为"光话"，认为它前程无量。

1897年，贝尔又用弧光灯代替阳光进行光话实验，其通话距离已达数千米。不过这项发明最终并未获得应用。现在看来，"光话"遇到的最大问题是缺乏高定向性的光源和理想的像电线那样柔软的低损耗传输介质。而今天，由于激光技术和光导纤维技术的发展，贝尔的理想已经变为现实。实际上，现在的光纤通信专家也把自己的工作看作贝尔思想的继续。实际上，没用几十年，光话就已取代电缆电话而占据了通信领域的统治地位。

另一项与贝尔有关的重要发明是改进的留声机。严格地讲，这项发明是由"伏打学会"完成的。1880年，贝尔用法国政府授予他的5万法郎的伏打奖金建立了这个学会。该学会的三名成员是贝尔本人、泰恩特和刚从英国来的奇切斯特·贝尔。后者是贝尔伯父的儿子，一位化学教授。

"伏打学会"对爱迪生发明的类似玩具的圆筒式留声机不大满意。他们首先用蜡代替了圆筒上记录声音的铝箔，然后将上下振动的唱针变为左右振动，这样播放的次数就大大增加了。最后，奇切斯特又出了一个好主意，将转筒变成了平面转盘（唱片），使留声机成为风行世界的商品，他们由此获得了几十万美元的收入。贝尔用自己分得的20万美元建立了一个为聋人谋福利的托管基金。

贝尔的另一项发明——贝尔探针使他获得了某大学的荣誉医学博士学位。他做出这一发明的起因是美国政界的一次不幸事件。

1881年，美国总统詹姆斯·加菲尔德后背中枪，子弹留在身体里，若不取出来可能致命。但问题是找不到子弹的确切位置，无法进行手术。贝尔得知这一消息后立即来到华盛顿。贝尔和泰恩特制造了一个简单的探测仪器，它有两个电极：一个是平面型的，贴在患者的皮肤上；另一个是探针，除了针尖其他部位都涂上了绝缘漆。探针头若触到子弹头，整个回路的电阻会突然下降，耳机会发出咔嗒声。他们当着总统、医生的面，成功地把藏在一大块生猪肉里的子弹探测了出来。但总统未来得及手术便去世了。可是贝尔的"探针"在后来的救护技术中发挥了重大作用，甚至在X光机出现后的第一次世界大战中，简便易行的"探针"仍在广泛使用着。

就在贝尔绞尽脑汁设法抢救总统生命时，他自己也遭遇了不幸：刚刚出生的第一个儿子因呼吸困难死掉了。这个打击促使他发明了一种帮助危重病人呼吸的装置——"真空套筒"，实际上是人工肺的前身。贝尔的这种套筒使用时不大方便，未得到广泛采用，却启发别人设计出更有效的人工呼吸系统。

现在音响的强度单位是"分贝"，这是根据贝尔的名字命名的。这是由于他发明了听力计。1879年，贝尔发现许多儿童听力减弱时几乎没有人能察觉到。为了准确测量儿童的听力，必须研制出一种能发出不同响度声音的仪器。贝尔利用调节两个感应线圈间隔的方法，使听筒音量按要求变化。这种听力计的价值很快就被人们承认，一次普遍测试表明，有近10%的儿童听力较弱。

贝尔的创造火花总在不断地迸发。例如，他曾有一个利用照片印刷制版（后来的照相制版）计划。他还提出一种利用硒的光敏特性制造"电眼"的方法，这也许是电视摄像技术思想的鼻祖。

但是耗费精力最多的是贝尔对飞行器的研制。贝尔对飞行的神往始于童年。贝尔真正着手研究飞行是与他的老朋友史密森研究所的秘书长塞缪尔·兰利的影响分不开的。兰利是一位物理学家，是美国航空事业的先驱。1891年贝尔看到了兰利的一次航空模型表演，不久自己就设计并试验了几种直升机模型。

1903年，莱特兄弟成功完成首次动力飞行。这巨大的荣誉未能归于贝尔，根本原因之一是他选错了航空技术的突破方向。贝尔十几年引人注目的努力，在后人眼里似乎有点儿像堂吉诃德对风车的挑战。

不知为什么，从1898年开始，贝尔就越来越固执地认为，航空技术的最好方式是载人的巨大风筝，它可以确保飞行员的安全。贝尔的风筝采用了四面体桁架结构，据说该结构最坚固。甚至在1905年12月，也就是莱特兄弟首次飞行两年后，贝尔还在大张旗鼓地进行他的首次载人风筝试验。当时吓得魂不附体的"飞行员"随着"寒风号"风筝飘到10米的高度。而那时，莱特兄弟已能进行30分钟的连续飞行了。

事实使贝尔不得不暂时扭转一下自己的方向。1907年，贝尔建立了一个航空技术研究小组，即所谓的"航空协会"。这个协会有一条规定：每个成员有一次机会提出自己的飞机设计方案并由协会实施制造。

当然最先实施的是贝尔的设计：该飞机机翼由3400个小四面体构成，坚固自不必说，可是飞行阻力太大，实际上根本飞不起来。

"航空协会"的第一架能飞起来的飞机叫"红翅号"，但它由于没有控制侧向平衡的机构而撞在地面上。"航空协会"一架又一架的飞机相继取得了越来越大的成功。协会解散后，他们分享了这些成果。然而贝尔仍然顽固地坚持进行载人风筝的试验，1912年3月，在贝尔65岁生日那天，他的最后一架风筝"小天鹅Ⅲ"进行了不成功的第一次同时也是最后一次飞行。

贝尔的另一理想——制造在水面飞行的船只，是从1908年开始实施的。最初贝尔和他的助手设计制造了HD-1型水翼船，一个直接的目的是拖带和帮助他们研制的水上飞机起飞。贝尔于1919年完成HD-4型水翼船获得了空前的成功。9月9日，这艘五吨重的水翼船以每小时114千米的速度打破船舶航速的世界纪录。第二年，贝尔和鲍德温一起获得了这种新型水翼船的专利。

### 七、永不疲倦的探索者

贝尔把自己一生相当多的时间花在公益事业上。他创办学校，出版好几种杂志，建立基金会。他对聋人的教育和福利给予了特殊的关注，出资建立了全美聋人口语教育促进会和专门探索聋哑问题的研究所——伏打研究所。

1887年的一天,一个在一岁半就丧失了视力和听力的小姑娘被她父亲带到贝尔那儿请求帮助。她就是海伦·凯勒。很多年以后她写道:

> 我做梦也没想到那次会成为我从黑暗走向光明的大门。

正是贝尔请来"奇迹的创造者"安妮·沙利文对她进行培养和教育,使她重返光明成为世界闻名的盲人作家。贝尔在后来的整个生涯中都是海伦忠实的朋友和支持者。

从贝尔的整个生平来看,这些只能算是插曲。他的中心工作就是发明。他是一位很奇特的大发明家。把贝尔和爱迪生这两个同龄的大发明家比较一下我们就会发现,贝尔和爱迪生都缺乏理工科正规学校教育。不同的是,爱迪生具有极强的动手能力,人们简直找不出什么活儿是他不能干的。而贝尔的一双手如果不是弹钢琴而是干活儿的话,可以说笨得出奇。他的朋友柯蒂斯说:

> 他(贝尔)什么东西也不能自己做出来。我没有见过任何一个人像他那样不会使用工具……不过他有一种惊人的办法能把他的思想传达给那些具有机械加工本领足以将其制造出来的人。

与工程界的专家们相比,贝尔具有更丰富的想象力,更少成见，有他自己特殊的判断力。这正是他胜过格雷之处。

贝尔一看到电话有成功的希望，就甩掉了多工电报的研究，全力去研制电话。当时有的电报业杂志断定电话"没有直接的实际用途"，依然"只是一种科学玩具"。这些说法丝毫没有动摇贝尔的决心，却助长了格雷轻视电话价值的倾向。格雷甚至在费城百年博览会后仍没有从他的错误判断中摆脱出来，他当时说：

> 至于贝尔的通话电报，它仅能引起科学界的兴趣，其商业价值将是有限的。

从这里可以看出，贝尔非专家的短处如何变成了长处。

他的另一个短处是缺乏足够的物理知识。最明显的例子就是他在1876年写的那份价值连城的专利申请书。其中他写道：

> 电波动也可以通过用另一种方法增加或减少电阻来产生……例如，用水银或某些其他液体形成伏打电路的一部分。这样，导线浸在液体中愈深，液体的电阻愈低。从而，浸在液体中导线的振动便引起电流起伏。

显然他错误地估计了水银的电阻，如果他真的使用了水银，他的电话是无法传输声音的。

好在缺少物理学知识的贝尔更缺少当时物理学界的偏见。电话获得巨大成功之后，一位当时的电学权威摩西·法默对沃森说：

那样东西（指电话的思想）最近十来年在我的眼皮下晃了有十几次，但每一次我都视而不见。不过如果贝尔也精通电学的全部知识，他就永远也发明不了电话。

若干年后，贝尔也对这种看法表示同意。也许这是指前面提到过的贝尔对声音引起的感应电流的偏见。

然而，如果我们想起贝尔在制造四面体结构风筝时表现出来的偏执，也就不难理解有时短处也会起着消极作用了。

贝尔的另一个特点是不愿意建立类似爱迪生的"发明工厂"那样的固定科研机构，似乎更乐意选择临时的搭档或建立针对特定课题的临时机构。可能他认为发明是一种难以预料的活动。当今著名的贝尔实验室是在他去世几年后才由他的公司设立的。

也许贝尔的最大特点是他那永不休止的探索精神。在他生命的最后一年（75岁左右），贝尔的糖尿病严重起来，人也消瘦了，但创造思想的火花没有熄灭。他又提出了一些新的发明并对原有的发明加以改进。其中有改进的光话机、水翼拖靶船、从海水中制取淡水的装置，以及一种太阳能循环式热水器。这正像他自己在这个时期所说的那样：任何一个人只要坚持不懈地进行观察、记住观察到的东西并且寻找愈来愈多有关事物怎么和为什么的答案，他是不会患神经衰弱的。

1922年7月，贝尔的健康明显恶化了，不得不病卧于新斯科舍的家中。正值炎热的季节，他让人把自己的病榻搬到住宅的门廊下，在那里他可以望见喜爱的群山。

8月2日清晨，曙光出现在东方，梅布尔焦急地呼唤着贝尔的名字，恳求他不要离开她。贝尔的嘴唇动了一下，微笑着用手指头在她的手心里写了一个"不"字，便与世长辞了。

8月4日下午6点25分，贝尔安葬于他家附近的山上。在这一时刻，全美国的电话中断了一分钟，以示哀悼。他的墓碑上仅刻着他的名字、生卒年月和一句话——"一名美国公民死去了"。

也许应该用贝尔在1902年说过的一句话作为他的墓志铭。他在谈到一个发明家的生活时说：

这是艰苦而扎实的工作，不过，这正是我的乐趣。

（作者：刘二中）

# 特斯拉
## 电气化技术的重要开拓者

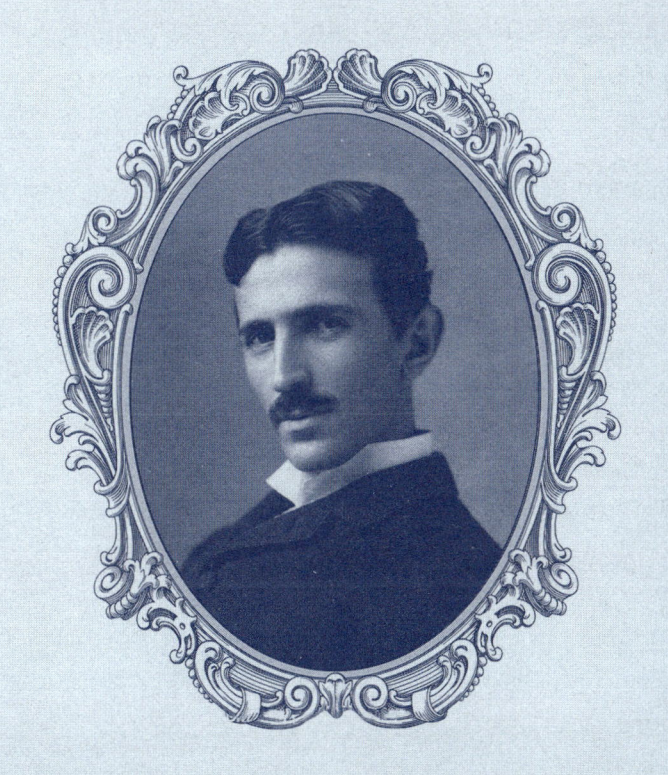

尼古拉·特斯拉
(Nikola Tesla, 1856—1943)

2022年8月15日,埃隆·里夫·马斯克领导的特斯拉公司最重要的上海超级工厂宣布,第100万辆电动整车下线,这距2019年1月7日工厂开工只有3年多。实际上,特斯拉公司是在马斯克介入前的2003年7月1日,由马丁·艾伯哈德和马克·塔彭宁共同创立。他们将公司命名为"特斯拉汽车",以纪念伟大的电气发明家尼古拉·特斯拉。

特斯拉是电气革命的四巨头之一,但比其他三人小10岁左右。尽管他后来的名气不如爱迪生和贝尔那样大,但他创立的多相交流供电和动力系统——近代最重大的发明之一,为20世纪的电气化工业革命直接铺平了道路。追溯他一生的足迹,重新思考他的成功与失败,对我们将不无益处。

## 一、牧师的儿子

曾在19到20世纪之交的美国一再掀起波澜的特斯拉并不是土生土长的美国人。1856年7月10日,他出生于当时奥匈帝国利卡省一个名叫斯米良的村镇。这个地方属于现在的克罗地亚。他的父亲是一名牧师,他的母亲是一名家庭主妇,虽是个文盲,但她却极有天赋,能背诵大段大段的诗歌,还曾发明了几种改进的家庭用具,如牛奶分离器等。

特斯拉的父母曾打算让他继承父亲的职业成为一名牧师。然而，完全不同的志趣却使他走了另一条道路。特斯拉对周围的自然界和科学知识充满了好奇。还不满 5 岁，他就进行了他的第一项"发明"——在小河边上插了 3 根顶端带杈的树棍，上面架着带长轴的小水轮，于是一架小水轮机运转起来了。

在 9 岁那年，他再次表现出对动力问题的特殊兴趣。这回，他制造了一架有 4 只风扇的风力机模型，转动的风轮通过皮带带动了另一只小轮子。他在 14 岁那年，曾观察到一次由一个雪球引发的雪崩，于是想到，雪可以变成动力。当他看到一幅关于尼亚加拉大瀑布的画片时，曾这样说道：

总有一天我将利用它。

当时有谁会想到，33 年后，这真的成为现实。

特斯拉说服了自己的父母，同意他去学习自然科学和电气。不久，他成了奥地利格拉茨工业学院的一名大学生。

## 二、智慧的火花

1878 年的一天，波耶斯克尔教授向特斯拉所在的那班学生解释格拉姆直流电机的构造和原理。他通过实际演示表明：这种电机既可以当作马达也能当作一台发电机。22 岁的特斯拉同其他同学一样被这奇妙的原理深深打动了。然而，特斯拉并不满足，他看到直流电机的电刷与整流子的接触之处闪着电火花，就站起来向教授提出这样一个问题：是不是能设计这样一种马达，它没有电刷和整流子，那样就可以避免产生电火花了。

波耶斯克尔教授不以为然，他进行了一番冗长的讲演，解释为什么这样一种想法是不切实际的。特斯拉一时无话可说，但他并不信服，他绝不会轻易放弃自己关于无刷电机的梦想。

两年后，他转到布拉格大学。又过了一年，他在新成立的布达佩斯电话公司找到一项差使——担任主任电气师。尽管生活有了保障，但他念念不忘的仍是发明无刷电机，可惜此时他仍未找到切实可行的方案。当时，世界上已有人发明了简单的交流发电机，并用它为弧光灯供电。特斯拉猜想是否能利用交流电来推动无刷电机，但是当时人们设计的交流电动机都不能进行有效的运转。

期待已久的思想突破终于临近了。那是1882年2月一天的黄昏，特斯拉和担任机械师的朋友西杰蒂在布达佩斯公园里散步，他慢慢吟诵歌德《浮士德》里的诗句，并沉浸在这一绝作美妙的意境之中。突然，他站住了，脑海中出现了一个铁芯转子在磁场中不断旋转。这正是他几年来百般寻找而不可得的钥匙！于是：

> 思想像一阵闪电涌现出来了，倾刻之间真理被揭示在面前。

他赶忙找来了一根树枝，在沙地上画出一幅草图，向自己的朋友解释他的想法。

按照他的想象，可以把两组定子线圈按相互垂直的角度放置，而将一个铁芯转子（上面没有绕组）放在它们之间。两组定子线圈分别通入同样频率的交流电，但所用电流的相位相差90度。这就是说，一组线圈的电流变得最大时，另一组线圈的电流为零，而另一组电流变得最大时，前一组电流又减小到零，这样，两组线圈产生的变化磁场便合成了一个方向不断旋转的磁场。于是，铁芯转子就会被吸引并且跟着磁场方向旋转起来。很明显，由于采用了互不同步的多相交流电产生旋转磁场，电动机的整流子及电刷都变得不必要了。

他意识到自己终于可以自称为发明家了。他回忆道：

> 这正是我渴望得到的东西。……阿基米德是我的理想。我钦佩美术家的作品，但我以为，美术作品不过是些影子和相貌。而发明家呢——我想，他们为世界创造出来的东西，都是摸得着看得见的，实实在在，能干顶用。

然而，特斯拉发明的绝不仅仅是一种无刷电动机，他立即开始将这种思想扩展为多相交流电有关的系列发明：

> 我一生还没有过如此欢乐幸福的心境。各种念头像泉水一样在我心坎上源源涌现，唯一的困难就是如何迅速地将这些念头变为现实。
> 我想出来的各种装置，在我看来都是切实存在的，每一点细节都了如指掌，哪怕是最微小的磨损痕迹也不例外。

> 我满心喜悦地想象那电动机在不停地飞转……当天生的爱好发展成为强烈的欲望时,一个人会以惊人的速度奔向他的目标。我在不到两个月的时间里,实际制作出了几种型式的电动机,搞出了全套系统的几件新式样……

特斯拉很快设计出另一种无刷电机——感应电动机。在这种马达里,他用绕着闭合线圈的转子代替原来的铁转子。这种转子的旋转速度不会与旋转磁场同步,而是稍慢一点儿,这使转子线圈里产生感应电流,而这种感应电流又能迫使转子不断在磁场的作用下转动。

他还想出了分相感应电动机和其他类型的同步多相电机,设想了一整套产生、输送、使用交流电的单相和多相电机系统。现今世界上绝大多数电力都是通过特斯拉多相系统产生、输送、分配并转变为机械动力的。

## 三、交流电与直流电之战

此时,特斯拉高兴地想:"人们再也不用像奴隶那样做苦工了,我的马达将给他们带来自由。"然而,由于没有资金的支持,他连一架模型都难以造出来,更谈不上造样机了。

在这一年的秋天,他经人推荐进入了设在巴黎的大陆爱迪生公司。在那里,他负责设计发电机以及检修分布于法国和德国的发电厂。他曾设法向该公司的负责人证明自己设计的电力系统的优越性,可惜没有成功。

然而，那里的经理巴切罗（曾与爱迪生共事的英国工程师）对特斯拉的才能却十分赏识，建议他到美国去，为此，还专门写了一封热情洋溢的推荐信。

特斯拉后来回忆说：

> 我将我那颇为寒酸的家当变卖了，锁上房门，赶到火车站。这时，火车正要出站，我才发现我的钱和车票都丢了。怎么办？……我此时此刻得当机立断。我追着车跑，同时脑海里矛盾纷乱的思绪上下翻腾，就像一台冷凝器振荡不止。我突然灵机一动，在这紧要关头有了主意……

连行李都丢失了的特斯拉，赶忙搜出身上仅有的零钱，一下跃上了火车。在码头，他凭借软磨硬泡登上了轮船。当他于1884年8月到达纽约时，仅剩下4分硬币、一本诗集、一张飞机设计草图和满脑袋的思想了。谁也看不出，这位一贫如洗的第518592号移民，竟能大大影响这个国家工业的发展。

特斯拉很快进入了爱迪生公司的机器厂，担任该公司的发电机设计师。他竭力设法使爱迪生这位伟大的发明家理解多相交流系统的好处，但爱迪生并不感兴趣，认为交流电太容易伤人。两个人不断发生争执，肝火越来越盛，后来发展到相互指责对方智力低下的程度。不久，特斯拉愤然离开了爱迪生的公司。由于没有收入，他沦为美国到处都有的掘土工。令人啼笑皆非的是，他口袋里就装着自认为可以使人们免除苦工的电动机设计图。

后人常指责爱迪生当时因循守旧，对交流电的兴起缺乏思想准备，压制新的发明。这确有道理，然而，我们也应看到，交直流电之争不仅是个技术问题，也直接影响到各方面的经济利益。

大家都知道，爱迪生在发明碳丝灯泡的同时，也发明了相应的直流输配电系统。当时，直流电的缺点是很明显的。由于使用和输送过程中电压较低，为了传送同样的功率，必须有较大的电流。而线路电阻损耗与电流强度的平方成正比，因此，向远距离输电十分不经济。这样，只能在用户的附近建立发电厂。

交流发电机虽然能得到较高的电压，在输、配电过程中还可以通过升压和降压来大大降低线路损耗，扩大供电距离，但在当时却没有任何实用的交流电动机。因此，在特斯拉的发明出现之前，爱迪生如果不打算仅仅为照明供电的话，就只能选择直流供电系统。

当爱迪生听到特斯拉的主张时，他已经花费了大量的人力物力建立了一系列直流电厂，由于专利制度的保护，他能保持独家经营，获得高额利润，以回收发明和建厂时耗费的巨额投资。因此，即使爱迪生理解到多相交流供电系统的好处，他也难以真正接受下来。改用交流电系统不仅需要新的投资，丧失独家经营的特殊好处，还要受到乔治·威斯汀豪斯的制约。

发明了火车空气制动器并在经营中获得巨大利润的威斯汀豪斯在看到爱迪生公司的成功后，就产生了经营电力的强烈愿望。无奈，爱迪生的专利使他在直流电领域无缝可钻。于是，他就想经营交流电系统以避开爱迪生的专利。当他得知法国的戈拉德和英国的吉布斯发明了交流变压器时，就下决心买下他们的专利权。这样，他就可以利用传输距离远这一优势来与爱迪生抗衡了。因此，当时的爱迪生即使想涉足交流电也迟了，交流变压器的专利已被买走了。

1886年，威斯汀豪斯电气公司正式成立，第一年春天就建立了6.4千米长的3000伏交流输电线路，从此业务逐渐兴旺起来。但是，由于人们还不知道特斯拉的思想，不知道如何用交流电来驱动电机，因而无法向工厂传送动力。好在许多地方首先要解决的是照明问题，这个矛盾尚不突出。

威斯汀豪斯的异军突起，使爱迪生感到致命的威胁。于是他发动了一场攻击交流电的宣传战。他的公司花了数千美元在报纸、杂志、广告上宣扬交流电如何危险，会如何威胁人们的生命。爱迪生本人也专门撰文说明"电击危险"，还在研究所召集新闻记者，进行用1000伏交流电将猫、狗电死的演示。

威斯汀豪斯也不甘示弱，一再阐明，他的系统提供的民用电是通过变压器减了压的，绝不会有任何危险。于是，在商业上和宣传上，两大供电体系的激战就正式爆发了。

## 四、打破僵持局面的一击

特斯拉刚到美国的时候，对这种形势不甚明了。1887年，这位掘土工人终于找到财政上的支持者，在纽约距离他以前的老板兼敌手爱迪生几个街区的地方——南十五街（现在的西大道）33号开设了自己的实验室。在这里，他把头脑中蕴藏已久的设计变成了一个个的实际模型，证明他的研究不仅完全实际可行，而且种类繁多、用途甚广。

1888年5月,他获得了关于"电力传输"多相系统的美国第382280号专利。同年,他在美国电气工程师学会作了一次演讲,介绍了多相交流电机的原理,给与会者留下了极为深刻的印象。人们终于开始看到特斯拉思想的巨大价值。

威斯汀豪斯得知特斯拉的工作后,立即看出这正是他想要实施的交流电系统获胜的关键。他专程到纽约拜访了特斯拉,并买下了特斯拉有关的40余项专利权。尽管人们一直传说威斯汀豪斯付给特斯拉一张100万美元的支票,并答应电力设备每生产1马力就再付给他1美元。但是,有证据表明,威斯汀豪斯仅付出大约20万美元,而且还是给特斯拉的公司的,特斯拉个人只能得到其中的三分之一。

无论事实究竟如何,这的确是特斯拉个人的一大突破。他可以有钱去进行自己一系列新的发明创造了。从此,他开始与威斯汀豪斯合作,设计和制造了各种各样的交流发电机和电动机。

交流电机的技术突破,使爱迪生的形势大为不妙。但一件意外的事情,却杀了一下交流电的势头。原来,纽约制定了一道把死刑绞架改为电椅的规定,而电椅使用的是交流电。这一下又引起了一般人对交流电的恐惧,使交流电的生意大为下降。特斯拉对此一直对爱迪生耿耿于怀,他坚信这一定是爱迪生在后面捣了鬼。

尽管交流电、直流电两种系统犹在酣战,然而特斯拉技术的出现,已经使真正的工程技术人员看出交流电时代即将到来。这正如拿破仑与威灵顿在滑铁卢杀得难解难分、死伤殆尽时,突然发现增援英方的普鲁士军队在远方出现，尽管拿破仑还能挣扎一会儿，但惨败已不可避免。

1893年，在哥伦布发现美洲新大陆400周年之际，要在芝加哥举办一次宏大的世界博览会。这是一次难得的机会，需要安装25万盏灯及必备的发电、供电系统。威斯汀豪斯公司以不到爱迪生公司一半的标价抢到了这笔生意，目的在于宣扬交流电的实力。

5月1日这一天，博览会开幕了。晚上，最主要的建筑物——机械大厅一片灯火辉煌。威斯汀豪斯公司建造的特斯拉式的发电厂成了该博览会最引人注目的成就。共有12台1千马力（1马力=735瓦特）的交流发电机，每台发电机都可以点燃1万盏16枚烛光的大灯。它充分显示出交流电可以进行多么巨大规模的电力传送。

这一辉煌胜利使全世界看到了特斯拉系统的潜力，从而推动了另一个更为巨大的进展：威斯汀豪斯公司赢得了开发尼亚加拉瀑布电力资源的巨额合同！原来，早在1886年，为了开发尼亚加拉瀑布12万马力的水力资源建立了一个名叫国际尼亚加拉委员会的组织。而按最初的电站方案，要设置238台水轮机和数英里长的传动轴，这是完全不切实际的。1890年，由世界最著名的科学家开尔文勋爵领导的这一国际尼亚加拉委员会宣布以2.2万美元的奖金征求切实可行的电站建造方案。

送交的17种方案中只有两种用的是交流电系统，其余都是用直流电系统。经过审查，该委员会发现没有一种方案值得授予奖金，于是，委员会在1891年宣告解散。

然而，在1893年的世界博览会举办之后的10月份，威斯汀豪斯已经签署了制造头两台5000马力尼亚加拉发电机组的合同。1895年，第一台发电机开始发电。过了不到两年，一条长约35千米的交流高压电线将尼亚加拉的电力送到了布法罗市。"几乎在一夜之间，尼亚加拉电厂成了全世界的电气奇迹。"

至此，直流电系统已经战败。到1896年，纽约爱迪生公司开始利用多相交流电系统来扩大它的供电范围。几年后，它在所有的新建电厂中都采用了特斯拉的系统。由于爱迪生坚持了错误主张，他的电气公司的股东们要求他退出领导岗位，并将公司更名为通用电气公司。不久，该公司又和威斯汀豪斯公司达成协议，双方都有权使用对方拥有的专利技术。

## 五、又一位伟大的魔术师

人们常把爱迪生称为"门罗公园的魔术师"，这是因为他的奇妙发明太令人不可思议了。实际上，特斯拉更像一位真正的魔术师，因为他不仅有神奇的发明，还有出色的表演才能。

在芝加哥1893年世界博览会上，特斯拉并不满足于向观众展示他的多相交流发电系统，他还特别进行了一系列个人表演。例如，他把一枚金属制成的"鸡蛋"放在桌子上面的天鹅绒桌布上，一按电钮，只见"鸡蛋"稍尖的那头立在了桌布上，并飞速旋转起来，这使观众大为惊愕。原来，他在桌面下安装了一组类似于他设计的感应电动机所使用的线圈。一通电，产生的旋转磁场就像带动电动机转子那样带动了"鸡蛋"。

不一会儿，他又站在一个台子上，让电压高达100万伏的电流通过自己的身体。看到这样的实验，观众们都喘不过气来。谁都知道，几百伏的电压对人体已经十分危险了，然而特斯拉接触高数千倍的电压竟然安然无恙。他一边表演一边得意地宣称：爱迪生绝不敢用所谓安全的直流电作同样的表演。

实际上，特斯拉使用了频率极高的交流电，电压高而电流很小，这样，由于"趋肤"效应，电流仅沿身体表面流动，无法伤害体内的神经系统。而如果改用普通频率的交流电，特斯拉早就送命了。

最令人瞩目的是特斯拉的"冒火的剑"，它有点类似于今天日光灯的玻璃管。令观众不可思议的是，它并没有与任何导线连接，却能发出明亮的光，就像被火烧红了似的。特斯拉挥动完"冒火的剑"，又拿起一个没有导线的圆球来。谁都没想到，这圆球也发出明晃晃的光芒。

所有这些使特斯拉的名字在美国家喻户晓的表演都是由他在世博会之前的几年研究出来的。早在他的多相系统卖给威斯汀豪斯之前，他就打算发明一种不同于爱迪生白炽灯的照明系统。在早些时候，赫兹和克鲁克斯已经发现，用放电的电容器，可以产生高频振荡电流，如果同时把适当的高压高频电流通入一个充有不同气体的玻璃管，将会发出不同颜色的光。

特斯拉对这样一种光源十分感兴趣，问题是他必须发明出一种更好的高频高压电源来。经过一番努力，这种电源终于产生了，这就是著名的"特斯拉线圈"。该线圈是空心的，由初级绕组、次级绕组及相应的振荡电容器构成，据说可以产生各种不同频率和强度的电流，他发现，手持充气玻璃管靠近这种振荡线圈时，感应电流将会流过他的身体和管内气体，使玻璃管发光，这就是他所谓"冒火的剑"的秘密。

除了发现充气管可以发出不同颜色的光辉之外，他还证明，在玻璃管内壁涂上荧光物质后，能大大增加亮度，揭示出了大约半个世纪后发展起来的日光灯的发光原理。

在那几年的研究中，他还制出了原始的霓虹灯和氖灯，设计了加热金属内部的高频加热法，发现该法还可以加热人体内部组织，这为后来的透热疗法和微波灶打下了基础。

他还曾试验过一种小型电磁振荡器，他将其安装在实验室的一根铁杆上，没想到机器开启后左邻右舍的房屋和门窗都剧烈振动起来，使警察不得不前来干预。据说，他曾满不在乎地对前来采访的记者说，如果他高兴的话，他可以在数分钟内摧毁整座布鲁克林大桥。

特斯拉的伟大创造和奇幻表演，使他成了备受新闻界瞩目的人物，人们开始注意到他的各个方面。

他身高在1米8以上，可是只有64千克重，被形容为"骨瘦如柴"的人。他前额高耸，眼睛不大而深陷，鹰钩鼻子下面的一撮小胡子，使他更富于魔术师的风度。他那黑而直的头发、黑而明亮的眼睛，似乎是斯拉夫人的某种特征。而有些人则把他那双大手上奇长的拇指看作天才人物的一个标记。他直言不讳，讲究礼貌，像个旧式的欧洲大陆人。

人们对他当掘土工时的生活方式一无所知，但对于他在成功之后的"讲究"却传闻很多。他对穿着一丝不苟，与爱迪生的大大咧咧大相径庭。他曾对他的秘书说，他是纽约第 15 大街衣着最好的人。他通常都穿有腰身的外衣，头戴黑色的圆顶礼帽，手戴灰色羊羔皮手套，总带着手杖。据说，一双 2.5 美元的手套他只戴一个星期，丢掉时还跟新买的一样；领带也是一星期买 1 条，而且只要 1 美元的那一种；他只穿白色的丝绸衬衣，睡衣上绣着他名字的开头字母，穿脏了就扔掉，从来不送到洗衣店去……

他不愿过多交际，仅有很少几位朋友，其中包括著名作家马克·吐温。他总是单独一个人在纽约一家头等饭店里用餐，使用专门留给他的一张桌子，即使他不在，别人也不许在那儿用餐。他似乎特别讲究卫生，每顿饭都要换干净桌布，还要用去一撂餐巾来擦他要用的碟子和餐具。饭后，他会立即赶回实验室进行他的研究工作。

尽管讲究吃穿，对他来说，科研仍是超越一切的东西。他从未结过婚，甚至也没有过女朋友。这并不是由于他缺乏吸引异性的魅力，事实上，确有几个大家闺秀对他有意思，但他有自己的志向。他说：

> 我打算将我的全部生命贡献给我的工作，由于这个原因，我拒绝了一位极好女子的爱情和友谊。

他还对记者谈到，一个发明家有如此热切的性格和热情的品质，如果将自己给予一位女子的话，他将会放弃其他一切东西。他还这样说：

这也是件憾事；有时，我们感到那么孤独。

## 六、挫败

名誉和地位似乎使特斯拉变得不十分清醒，甚至有点儿追求虚荣了。他不仅醉心于各种哗众取宠的表演，还对科学技术之外的种种问题发表奇特见解。例如，他在1900年6月份的《世纪》杂志上一篇长达36页的文章中，除了大谈太阳系末日的世界外，还大谈宗教、体育运动、葡萄酒和威士忌、白开水、预防疾病、个人卫生、道德、素食主义、无知，等等。他认为，妇女除了操持家务和生儿育女外，要求其做其他事情是一种罪恶。他还谈到结束一切战争的灵丹妙药是研制某种类似机器人的东西来进行战斗，这样人类就不必亲自卷入战争了。

有成就的科学家和发明家对生疏领域的问题夸夸其谈，这在国外并不少见，遗憾的是，这种浮夸作风竟渗入他的科研工作中。正当特斯拉的新型电光源的研制大有希望的时候，他却停止了这项工作，把目光转移到另外一个他认为重要百倍的领域。

在21世纪的今天，有许多公司在努力开发为家用电器或电子设备"无线输电"的技术。他们也许不知道，这其实可以看作是特斯拉当年玩剩下的。

不知为什么，特斯拉那时开始觉得，他完全可以设计出一种"无线电力传输系统"——不借助任何导线，就能将动力传送到地球上的任何一个角落！事实上，他一再公开声明他完全能做到这一点。

特斯拉的理论十分吸引人。他认为地球本身是一个十分良好的导体，电流十分容易通过。他设想，电可以像某种不可压缩的流体流进水池那样充入地球这样一个大电容器。于是，人们无论在地球的什么角落，都可以随时汲取所需的电能。某家刊物在介绍特斯拉的计划时说：

> 家庭不用导线就可以点电灯和得到动力，飞机及其他陆地和海上交通工具也是一样。你将能到达任何一个地方，沙漠或山顶，山谷或农庄，可以装配一架很精致的仪器，小到可以塞进衣箱的程度，它将供给你做饭的热能或为你提供阅读用的灯光。

特斯拉的名声帮助他筹集了大量资金，著名的金融家 J. P. 摩根也解囊相助。1899 年，他开始在科罗拉多州的科罗拉多喷泉谷附近建造无线电力输送站。在电站建筑物的内部，他建造了一架世界上最大的特斯拉线圈，初级线圈的直径达 2.4 米，套在外面的线圈高 3 米，直径 3 米。建筑物的上面有一座数十米的高塔，塔顶是一个巨大的金属球，与巨型线圈相连通。特斯拉的目的是利用这套设备在导线上产生 1 亿伏特 30 万赫兹的交流电并导向地球，以此来周期性地改变地球的电势，同时也在塔顶的圆球上产生相反的交变电势。

按照近代的观点来看，这似乎是历史上功率最大的无线电发射机。然而它的功率太大了，在实验开始后，圆球上发出条条闪电，使得半径19千米内，建筑物的避雷针都电光闪闪。据说在夜晚实验时，草原上空不断雷鸣轰轰，天线附近的许多蝴蝶被无情地卷入线圈，人们的鞋跟与地面之间出现了点点火星，甚至800米之外吃草的马匹因为蹄上钉有蹄掌而招来电击，一下子都变得狂暴起来。特斯拉和助手们的鞋底上都钉上了厚厚一层软木或橡胶底，以避免电击。他们个个用棉花堵住耳朵，然而在轰响的实验站里，耳朵好像被什么东西在扎，耳膜几乎要撕裂了。

试验的详细数据和结果一直没有公布于众，无论如何，这是当时已知的最壮观的电气实验，它耗电如此之大，曾多次造成科罗拉多地方电网断电。

无论实验之前还是之后，人们都对特斯拉的无线电力传输系统深表怀疑。在科学技术原理上，特斯拉的设想并非无懈可击，即使无线输电是可能的，但由于潮湿的土壤和海水都导电，也会大量吸收电能，使该系统的传输效率低到让人无法忍受的程度。从人们看到的实验情况来说，大面积的电闪雷鸣也不是该系统的目的，失败是明显的。

然而，特斯拉却不承认其计划有任何缺陷，尽管他拿不出有力的事实和数据，却一再在报刊上或讲台上声称，他的远距离无线输电系统的"实际可行性已得到彻底证明"。1902年，特斯拉又靠发行债券筹集到一大笔钱，在长岛开始建造另外一座高塔，这是所谓世界范围无线输电计划的第一部分。可是，塔未建成，钱就花完了，工程停了下来，再也无人理睬。直到第一次世界大战初期，该塔被人秘密地炸毁了，据说是在当时的反德浪潮中，由一个自发组织的治安会干的，因为他们误以为该塔是敌方的谍报电台。

特斯拉甚至还计划在尼亚加拉瀑布建造另一个类似的装置，但他再也筹不到钱了。不过他从未放弃过自己的想法，在1928年，他还对《大众科学》的记者说，三年之内，他的世界输电系统将进入商业开发阶段。

无论特斯拉自己怎么说，在世纪之交的前后几年，他的这项发明已经失败了。说来也奇怪，美国19世纪七八十年代出现的几位发明巨匠——爱迪生、贝尔和特斯拉，都遭到了某种失败。爱迪生在19世纪90年代发明了磁力选矿法和精铁矿粉的烧结法，这可以大大提高高炉炼铁的效率，一些钢铁厂试用后，都表示愿意大量订货。爱迪生花了约200万美元（大部分是他自己的钱）建成了巨型选矿和烧结厂，很快就达到了商业性生产的标准。就在即将获得巨大收益之际，传来了一个惊人的消息，在明尼苏达州沿苏必利尔湖沿岸的米萨比山脉发现了巨大的富铁矿，这使爱迪生的烧结厂没有必要存在了。他的投资——大部分个人财产几乎化为乌有，从此他一直未能恢复到原来那样富有。

如果爱迪生遭受的灾难纯属运气不佳，那么贝尔的挫折却是由于自己的固执。贝尔大约与莱特兄弟同时研究飞行，却错以为飞行的最好方式是载人风筝，在十余年的时间里花费大量资金和精力进行实验，最终注定失败。然而他只动用了少部分财产，并没有伤到元气。相比之下，特斯拉的损失最为惨重，他不仅丧失了自己的全部财产，而且几乎丧失了自己的全部信誉。人们从此感到他是个说大话的人，再也不肯为他的计划投资了。

尽管对于发明家来说，失败是与成功纠缠不清的影子，但他们几人的这些重大失败却说明19世纪晚期的辉煌胜利多少使他们的头脑发昏。特别是特斯拉，他单凭头脑的想象和推理，就发明了一系列多相交流电的电机和电器，而且被后来的实验和生产完全证实，这就使他极为自信，甚至到了固执的程度。别人的怀疑和评判本应使他慎重一些，但他都不屑一顾。他认为任何小型实验和严密论证都是不必要的，最后发展到不尊重事实的地步。说来也真令人遗憾，特斯拉成功于交流输电，最后又在无线交流输电上惨败，从此一蹶不振。

## 七、后半生

在特斯拉那不大为人们所知的后半生里，天才的火花与顽固的阴影仍然形成了鲜明的对比。他一生曾获得700余项专利权，他的一项关于无线电装置回路的专利，使意大利发明家马可尼的一项专利被最高法院判为无效。他曾发明了无线电遥控的舰船，可惜未被军方采用。他还描述了雷达（十几年后才在英国出现）的基本原理，提出了电视机电子扫描的原理，当时人们还在研究利用机械旋转圆盘扫描的电视机。他还设计了同步电钟，预言铝将成为极重要的金属结构材料并在很大程度上代替铜做导线。他还提出了利用太阳能炼铁，利用地热能发电，还设想出与外星居民通信联系的系统。

然而，他至死都坚持原子能是荒谬的，比永动机还糟。他说：

> 一架由原子动力推动的马达是荒谬的，因为打碎一个原子所需要的能量远比从它获得的有用功多得多。

他也不愿意相信电子的存在，并且一再攻击爱因斯坦的相对论。

他日益陷于贫困，在从他的发明中获得巨大利益的美国，竟无人向他伸出援助之手。他已经没有钱来维持一间实验室和做实验了。尽管如此，他仍然时常把记者请到家里，向他们宣布自己关于发明的新设想。他谈到一种能从周围环境中吸收能量的机器，一种火箭汽车，还谈到过一种喷气式飞机。根据他的描述，这是一种质量不到90千克的飞机，能承载重得多的乘客和货物垂直起飞。它采用烧油的蒸汽轮机为动力，上升速度可达每分钟两三千米，水平速度可达每小时640千米。

随着年龄日益变老，特斯拉渐渐蜷缩到他个人的梦幻世界中去。每逢他的生日就去采访他的记者们，听到他的预言越来越不切实际，渐渐地不再把他看作是一位严肃的科学家，而是看作一位无害的怪老头了。他几乎不和人们往来，却成了一位鸽子迷。人们常常看到他在纽约公共图书馆前的广场上或公园里喂鸽子，可爱的鸽子纷纷落在他的头上、肩上和手臂上。如果自己病了，他就会雇一个人按时去喂那些鸽子。

在他去世前的几年里,他几乎身无分文。此时,他的祖国——南斯拉夫的政府没有忘记这个杰出的儿子,开始每年向他提供7000美元的接济。

1943年1月8日早晨,女佣人在敲他的屋门时久久听不到回答,之后发现特斯拉已经与世长辞。也许到这时,许多美国人已经不知特斯拉是什么人了。然而,历史却清楚地表明,在特斯拉的身后,是一个因电气化而变得更加灿烂辉煌的世界。

(作者:刘二中)

# 从波波夫到马可尼

## 把无线电之蛋立起来的人[1]

亚历山大·斯捷潘诺维奇·波波夫
(Александр Степанович Попов,
1859—1906)

伽利尔摩·马可尼
(Marchese Guglielmo Marconi,
1874—1937)

---

[1] 本文在写作中曾得到陶栻同志帮助,谨此致谢。

可以说，无线电广播、电视、传真通信是20世纪的重大技术创新，也是人类社会生活中必不可少的技术。回顾从1862年麦克斯韦提出电磁理论到1909年马可尼获诺贝尔奖这近50年的无线电早期发展史，可以清晰地看到，一项重大的科学理论成果转变成改造社会生活的巨大技术力量要经过很多人的努力奋斗。在众多无线电发明家中，马可尼与波波夫是佼佼者。令人感慨的是，尽管他们的顽强探索精神、他们的才华以及他们毕生献身于无线电事业的经历都很类似，但是由于他们所处的社会条件是如此不同，以至于他们的遭遇和对社会所发生的作用也大不相同。固然，在科学技术史上并不能完全以成败论英雄，但科技发明家与他所处的社会条件之间的关系却是十分发人深思的。

## 一、赫兹波引起的震动

早在1862年，年方31岁的英国物理学家麦克斯韦在法拉第研究的基础上，提出了著名的电磁理论，预见了"位移电流"，即电磁波的存在。不过，直到麦克斯韦逝世，他的理论都没有得到证实，因为人们一直未能发现这神秘的电磁波。

1888年，奇迹出现了。德国一位年轻的教授发明了一种简单的电波环装置，成功地检测出从莱顿瓶或火花隙发生器辐射出的电磁波，并且证明了电磁波和光波一样，具有反射、折射、衍射等性质。这位年轻的教授就是海因里希·赫兹。

赫兹本人是一位物理学教授，他和麦克斯韦一样，是做理论物理研究的。他探测电磁波的目的，是检验麦克斯韦理论，对于电磁波是否能用于实际考虑不多。世界上最早想到利用电磁波传递信息的人，是一位聪明的工程师哈伯，他后来成了赫兹的朋友。哈伯在1889年给赫兹的信中谈到这一设想。但赫兹答复说，如果要用电磁波进行无线电通信，大概得有一面像欧洲大陆那样大的巨形反射镜才行。他实际上否认了这种可能。赫兹于1894年不幸病故，时年仅36岁，所以他没有机会看到自己的发现所产生的巨大社会影响。

1888年以后，探索赫兹波的应用成为当时最吸引人的研究课题。第一个发展赫兹研究成果的是法国物理学家布冉利。1890年，他发明了金属屑检波器，并于同年利用他的发明使电磁波的探测距离达到140米以上。

之后的1894年，英国皇家学会会员洛奇对布冉利的发明作了进一步改进。这位长着一脸络腮胡的教授将金属屑检波器同继电器、打字机相连，组成一台接收机。洛奇利用这种改良的装置，在数百米距离之间进行了莫尔斯电码的无线传送。

与此同时，远在南太平洋的新西兰岛上，一位来自农村的大学生卢瑟福也在埋头实验。这位身材高大的23岁小伙子正在新西兰坎特伯雷学院读四年级，选择了"赫兹波的研究"作为学位论文。他躲在一间破旧阴冷的地下室里，发明了一种新型的磁性检波器。1894年，他因此获得了理学学士学位，引起国内外科学界的关注。卢瑟福比洛奇小20岁，许多人都认为他是最有希望的无线电发明家。同一年，卢瑟福在一座长约18米的工棚里进行了电波收发表演。

美洲大陆也不甘寂寞。1893年，面庞清瘦、才华横溢的塞尔维亚人特斯拉在纽约发表了电磁波接收的调谐原理，并首次用无线电波启动了远处的电灯开关。他那过人的睿智还表现在预言了无线电广播和新闻传真的可能性。

除了布冉利、洛奇、卢瑟福、特斯拉，在向无线电进军的行列里，还有许许多多埋头探索、默默无闻的先行者。他们没有惊人的发现，大多数没有留下姓名，然而他们的每一步脚印都给后人提供了宝贵借鉴。可以说，无线电的发明是历史的必然产物，是整个人类智慧的结晶，绝非哪一个天才独自一人的创造。

## 二、世界第一份无线电报

1895年春天，年轻有为的卢瑟福获得奖学金赴英深造。富有戏剧性的是，随身携带磁性检波器的卢瑟福到英国剑桥以后，并没有成为无线电发明家。在J.J.汤姆孙的引导下，他的精力和智慧转向了微观领域，并最终成了20世纪最伟大的原子核物理学家。就在这年5月7日，在彼得堡俄国物理化学会的物理分会上，36岁的波波夫宣读了关于"金属屑与电振荡的关系"的论文，并当众演示了他发明的无线电接收机。波波夫成为无线电领域最明亮的一颗新星，全世界都在注视着他。

波波夫于1859年3月生于俄国乌拉尔一个矿区小镇，父亲是一位牧师。波波夫儿时爱到矿上去玩，矿厂的一切都使他感到新奇。他在很小时就学会了木工，能自己制作好玩的水磨机械模型，12岁时就表现出对电工技术的爱好，自己做了个电池，还用电铃把家里的钟改装成闹钟。小学毕业后，父亲把波波夫送入神学校。父亲的意思是让他将来进神学院，但少年波波夫对物理和数学更感兴趣，他这两门功课成绩出众，连神学校校长也颇感吃惊，认为他的未来不应埋没在"修道"之中。

1877年，18岁的波波夫考入彼得堡大学数学物理系。大学期间他非常刻苦，家里不能供给他学费，波波夫常常是半工半读，维持学业。他在夜间担任家庭教师，还给电灯公司当过电灯匠。

波波夫觉得彼得堡大学不能发挥自己的才华，中途转学至一所森林学院。这所学校虽不如彼得堡大学有名，但师生融洽，学术思想也更加自由。

1882年，波波夫以优异成绩大学毕业。第二年被喀琅施塔得海军水雷学校聘为教员。这所学校离彼得堡不远，该校的实验室当时在俄国是数一数二的，有许多精良的电学仪器。波波夫在学校里除了完成教学任务，还进行着有关电磁方面的研究。在最初的几年中，他参加过全日蚀观测，兼职过电灯公司的电气技师，对电灯的推广抱有很大的热情。据说曾经一位朋友问到他的雄心时，波波夫回答："我要走遍俄罗斯，为整个俄国带来光明。"

1888年，波波夫29岁时，赫兹发现电磁波的消息传到俄国。他也被强烈地吸引住了，并成为一名热心的研究者。他曾经十分感

慨地说:

  用我一生的精力去装设电灯,以广大辽阔的俄罗斯来说,只不过照亮了很小的一角;要是我能指挥电磁波,便可以飞越整个世界了!

就在第二年,波波夫成功地重复了赫兹的实验。在一次公开的演讲中,他提出了用电磁波进行无线通信的设想。据现有的资料看,他是继哈伯之后第二个提出这个思想的人,而他成了第一个实现这一思想的人。

五年后,波波夫制成了一台无线电接收机。

这台接收机的水平与洛奇的相当,但灵敏度却要高许多。波波夫的独特贡献,是首次在接收机上使用了天线。有一次,波波夫在实验时无意中把一根导线碰到金属屑检波器上,发现接收机检测电波的距离比往常有明显增加。波波夫找了很久都找不出原因,感到很奇怪。后来,他突然发现是一根导线碰到了金属屑检波器。波波夫把导线拿开,电铃就不响了,除非把实验距离缩小到原来那样远。这个意外发现使波波夫喜出望外,他索性把导线接到金属屑检波器的一端上,并把检波器的另一端接地,结果实验距离大增。这根导线就是世界上第一根天线。即使在现代无线电接收机中,天线也是不可缺少的组成部分。波波夫把他的接收机首先用于雷电检测上,1894年6月他成功地记录下了天空中的闪电。

1895年5月7日,波波夫当众演示了他发明的无线电接收机。

人们注视着大厅讲台上的波波夫，他穿着朴素，留着契诃夫式的胡子，表情平静，举止沉着。波波夫的助手雷布金在大厅的另一端操作火花式电波发生器。波波夫的接收机由金属屑检波器、电铃、继电器、记录器和一根垂直的天线组成。当雷布金接通火花式电波发生器时，接收机的电铃立即响起来；断开发生器，铃声就中止。当时出席会议的都是物理学界知名人士，其中有的保守头脑原来对电波传递信号并不相信，这次亲眼所见、亲耳所闻，让他们不得不信服。这一天，被后来的苏联政府定为"无线电发明日"。

1896 年 1 月，俄国物理化学协会杂志《电》一月号发表了波波夫介绍这次实验的文章，立即引起世界学术界的瞩目。不久以后，波波夫用电报机代替电铃作为接收机的终端。这样，他的装置就成了一台无线电电报机。

1896 年 3 月 24 日，波波夫和雷布金在俄国物理化学协会的年会上，正式演示用无线电电报机传递莫尔斯电码的无线电讯号。当时在场的观众有 1000 多人。实验时，发射机放在附近的森林学院化学馆里，接收机装设于物理化学协会会议大厅。雷布金拍发讯号，波波夫接收，通信距离为 250 米。物理分会会长佩特罗司赫夫基教授将接收到的电报字母逐一写在黑板上，最后得到的报文为："Heinrich Hertz"（海因里希·赫兹）。这表示出波波夫对这位电磁波先驱者的崇敬。这份电报虽然很短，却具有重大的历史意义。这是世界上第一份有明确内容的无线电报。

## 三、来自意大利的青年

1896年,正当波波夫取得辉煌的研究成果的时候,一个意大利青年登上了开往伦敦的邮船。他眉清目秀,看上去像个怕羞的少女。他寸步不离地守着一个大箱子。这位22岁的意大利青年名叫马可尼,箱子里装着他发明的无线电收发装置。马可尼就这样登上了无线电发明史的历史舞台,开始了他那使无线电研究进程发生巨大变化的人生征途。

马可尼1874年生于意大利北部博洛尼亚。父亲是一个农场主,母亲是爱尔兰一个贵族的后裔。赫兹发现电磁波时,马可尼还是一个14岁的少年。

马可尼16岁时,有个老师送给他一本电学杂志,叫他仔细阅读。杂志上有几篇介绍赫兹实验的文章,写得通俗有趣。那位老师名叫李奇,本身就是一位电波研究者。

马可尼读完老师推荐的文章,不由得心驰神往、若有所悟:世上有这样神奇的电波,我们难道不能加以利用吗?他在李奇老师的指导下,开始做一些简单的电磁实验。

聪明的小伙子一面埋头实验,一面开始收集有关电磁波研究的各种资料。马可尼有三个最大的特点:一是敢想,二是想了就做,三是善于吸取他人的成功经验。这三大长处是他一生事业成功的秘诀。在17岁时,马可尼就搜集了各家的论文,其中既有布冉利、洛奇、特斯拉这些大师的研究成果,也有其他一些不太著名的人的文章。凡是他能找到的,他都千方百计找来了。

马可尼详细阅读了这些资料,用了足足一年时间理解它们。毫无疑问,马可尼经历了许多次失败。父亲常常笑他是一个"不切实际的空想家"。然而,马可尼并不丧气。1894年,敢想敢干的儿子终于取得了初步的成绩。一天,他把母亲请上顶楼实验室,小实验台上摆着一台简陋的装置。只见马可尼一按电钮,楼下客厅里传来一阵铃声,而楼上和客厅并没有导线相连。这是马可尼第一次实现无线电信号传送,当时他20岁。

1895年夏天,马可尼的实验突破了室内范围。他在父亲的花园里进行了一次非常成功的电波传递实验。他用的发射装置是李奇改进的火花振荡器。接收机与波波夫的很相似,有洛奇的金属屑检波器、电铃、电池,还有一根天线。后来有的苏联学者因此指责马可尼"抄袭"了波波夫,这显然有些偏执。科学发明本身就是一场接力赛,没有继承,就没有发展。马可尼的成功,就在于他善于博采众家之长,进而最终成了这一事业的集大成者。

这一年秋天,马可尼又前进一步,据称他把电波传送距离扩大到2.7千米。不过这次实验不是当众举行的,不能作为正式记录。

这时的马可尼像一只羽翼初丰的雏鹰,渴望着广阔的蓝天。意大利的天空对他来说已显得太狭小。据说他曾给意大利邮电部写信,请求给予资助,但没引起重视。为了寻求无线电的实际应用,22岁的马可尼决定前往英国。

## 四、"马可尼把鸡蛋立了起来"

有人说马可尼是幸运儿,确实如此。伦敦亲切地接待了这个异乡青年。抵英不久，他的发明就获得了英国政府颁发的专利，时间是1896年6月2日，专利号码为12039/96。专利局的一位官员还给他一张名片，介绍他去找英国邮电总局的总工程师威廉·普利斯博士。

普利斯是英国电信界的权威，曾多年研究无线通信。当他看到在英国《电气技师》杂志上发表的关于马可尼申请专利的简报后，不由得慕才如渴，急于想亲自见见这位青年发明家，无奈杂志上没有马可尼的住址。于是他派了许多人到各家旅馆去寻访。正当他四处打听时，一天上午，一位手提箱子的俊小伙登门来拜访他。

我叫马可尼，无线电报的业余爱好者。

小伙子腼腆地笑了笑，手里仍提着大箱子。马可尼在普利斯的办公室里演示了无线通信实验，使人耳目一新。总工程师看见马可尼的机器相当粗笨，里面的部件也不是什么稀奇的东西，不由得幽默地说：

人人都认识鸡蛋，只有马可尼知道怎样把鸡蛋立起来!

接着，普利斯请马可尼留在邮电局里，支持他继续做实验。

1896年12月12日，普利斯在伦敦科技大厅举行题为"无线电报"的科普演讲，听众十分踊跃。演讲行将结束时，主讲人意外地宣布了一个消息：

> 有一位年轻的意大利发明家马可尼先生，前不久到我这儿来了。他带来了一套新的电报装置，可以不用导线，而通过赫兹波进行远距通信！

接着，普利斯把一直坐在旁边的马可尼介绍给大家。看见这位意大利发明家如此年轻，有人轻声说："还是个孩子呀！"在这之前，许多人还以为这青年是普利斯带来的文书。

马可尼从讲台下取出两个形状普通的大盒子。一个盒子里装着发射机，由电池、线圈和一对形似铜哑铃的赫兹振子组成。另一个盒子是黑色的，里面是带继电器的金属屑检波器，盒子外面有两条水平铜带，作接收天线用，盒顶装着电铃。

马可尼将两个盒子分别放在大厅的两角，一个自告奋勇的听众当发报员，马可尼守着接收机。当发报人按下电键时，马可尼面前盒子上的电铃立即发出铃声。为了证明这当中没有弄虚作假，马可尼举起盒子，在会场中到处走动。每一个观众都听到了铃声。整个大厅顿时变得比游乐场还要热闹……

就这样，普利斯把年轻的发明家推荐给公众，使他走上了社会舞台。全英格兰都知道了马可尼和无线电报。普利斯本人是无线电研究的失败者，但是他帮助和扶植了马可尼的成功，他同样算得上无线电的一名功臣。

## 五、两种命运

马可尼得到普利斯的帮助是他一生最大的幸运。

普利斯居于英国电信界的领导地位，论年龄可以作马可尼的父亲；论研究无线通信的资格，比布冉利、洛奇还老。相比而言，马可尼不过是一个初出茅庐的新手。但普利斯居高而不自傲，看见一个后生研究出自己多年未研究成功的东西，他是那样的高兴，又是那样的谦虚。他不仅鼓励年轻人，为他宣传，还设法活动政府的资助。这一切对马可尼的事业产生了重大影响。正是在普利斯的大力倡导下，英国邮电局对马可尼的初期研究给予了许多慷慨的支持。

当然，马可尼的成功还有重要的社会原因。英国有良好的科学传统，政府比较重视科学发明。特别是英国与海外有广泛的联系，马可尼的发明如果得到实际应用，首先对航海的船舶具有不可估量的价值。但是当时，仍有不少人对无线电报能否实际应用表示怀疑。据说连著名的开尔文都曾说：

无线电报通信，这很好呀。不过我宁可相信"一个幼儿骑马送信"！

波波夫的遭遇却恰恰相反。由于沙俄的腐败无能，波波夫的发明未得到政府的关心和帮助。当他第一次申请沙皇当局拨发实验经费时，愚蠢的海军部长竟批示道："对于这种幻想，不准拨款。"后来，由于海军上将马卡洛夫的一再坚持，当局总算拨下来一笔钱。

波波夫最后拿到这笔钱时，只得苦笑起来：仅有300卢布！偌大一个沙俄帝国，只拨出300卢布发展无线电事业，真是让人啼笑皆非。

形成鲜明对比的是，当波波夫为缺钱发愁时，普利斯则非常欣喜地通知马可尼，英国邮电总局同意给他提供全部经费和实验用的各种资源，以便进一步实验海上通信的可能。这两位发明家，一个是逆风行舟，一个是顺风航船。因此波波夫虽然比马可尼早一年取得研究成果，却没有多久就落到了后头。在相当艰难的条件下，这位俄国发明家仍顽强地进行实验。

1897年春，波波夫在喀琅施塔得港口停泊场进行无线电报实验，可靠通信距离达到640米。同一年夏季，波波夫和雷布金在巡洋舰"阿非利亚"号和教练舰"欧罗巴"号进行无线电通信联试，最大距离达到5千米。这次实验是比较著名的。在实验过程中，波波夫和雷布金发现，电磁波会被中间驶过的第三艘军舰反射。30多年后出现的雷达，就是根据这一原理发明的。当时，波波夫曾把这个现象报告给海军喀琅施塔得港司令部并预言了它的实用价值，可惜未引起重视。

仿佛是一场无形的比赛，当波波夫在喀琅施塔得港做实验时，马可尼也在紧张地进行跨海通信实验。地点在布里斯托尔海湾。这次实验对马可尼来说等于是一次举足轻重的考试。究竟他的发明有没有生命力，将由实验结果回答。普利斯对这次实验寄予很大希望，特意让自己最信任的助手乔治·肯普协助马可尼。实验结果很理想，马可尼将无线电讯号成功地传过了海湾，距离为14.5千米。

为了纪念这次重要实验，半个世纪后人们在这里举行了隆重的纪念仪式。

## 六、超过波波夫

马可尼进行无线电跨海实验的成功，也引起了意大利政府的重视。同年6月，马可尼接意大利驻英使馆的通知回国，在岸上建立了一座陆上电台，与意大利军舰通信距离延长到近20千米。不久，意大利国王、王后在罗马接见了这位青年发明家，并很有兴趣地观看了他的实验演示。

1897年7月，马可尼重返英国，开始研究无线电的商业应用，并在伦敦成立了无线电报信号公司（1900年改为马可尼无线电报公司）。

紧接着，马可尼在怀特岛建立了一座电台，名为尼特无线电台。怀特岛位于英格兰南端，对岸是狄更斯的故乡朴次茅斯。在英国地图上，这只是一个不太引人注目的小岛，但就在这个无名之地，马可尼进行了一系列著名的通信实验。

通常说来，一项发明只有当它可以商用时，才算有了实际应用价值。世界上第一份商用无线电报就是在怀特岛拍发的。尼特无线电台竣工后，许多政府官员和社会名流前来参观。有一天，开尔文勋爵也莅临此地。这位大西洋海底电缆通信的创始人对无线电曾表示过怀疑，事过一年，在怀特岛的电台机房里，他很愉快地给普利斯等老朋友拍发了电报。电报拍完后，开尔文从袋中掏出一先令硬币交给电报员。在场的人都觉得诧异，电报员也以为这位勋爵在开玩笑，所以执意不收。开尔文笑了笑说：

> 这是拍发这些电报的费用，它标志着商用无线电报的开始。

他坚持一定要付款，电报员收下了这不平常的一先令。这是世界上第一次收费的无线电商业电报，而拍发它的人恰恰是长途有线通信的奠基人。

1898年7月，马可尼的无线电报系统正式投入商业使用，为爱尔兰都柏林《每日快报》报道赛艇比赛实况。同年12月，马可尼在南海岬灯塔和一艘灯船之间建立了无线电通信。这艘灯船第二年3月同一艘邮船在海上相撞，幸亏它装有无线电报，及时将出事消息发到南海岬，南海岬立即派救生艇赶到出事地点，将遇险者全部救起来。这是利用无线电首次营救海上遇险者。

马可尼取得这些成果后，1899年盛夏，他成功实现了英法海峡两岸的无线电报联络，再次刷新了无线电通信距离的纪录，将这一纪录提高到45千米。跨越多佛尔海峡的通信实验在当时颇为轰动，英法各报都用头版作了报道。同一时间，波波夫在俄国黑海舰队进行实验，通信距离仅为17千米。

1899年7月，马可尼的通信系统首次在英国海军演习中使用。随后，英国皇家海军与马可尼签订了一项合同：次年为英国海军装备28艘军舰上和4个陆地上的通信站。这是马可尼公司获得的第一个重要合同。

这年 9 月至 10 月，马可尼应邀到美国访问。他用随船携带的无线电装置报道了在美国领海举行的国际快艇比赛。归途中，马可尼将通信设备装在所乘的"圣·保罗"号船上。当船驶过大西洋驶进英国海域时，马可尼成功地同 106 千米以外的尼特无线电台进行了通信联络。

无线电信号第一次突破了 100 千米的传输距离！时间是 1899 年 11 月 15 日。

是的，虽然 1895 年波波夫拍发了世界上第一封无线电报，但仅仅三四年时间，马可尼就赶到了前面。他第一个使无线电投入商业使用，第一个使无线电成为海上救生的利器，也第一个使无线电信号越过了英法海峡。

一个戏剧性的事实是，也是在 1899 年 11 月，波波夫的工作才开始被俄国海军部重视。当时俄国战舰"阿普拉克辛海军上将"号在格兰德岛附近触礁，为了营救，波波夫在科特卡城和该岛间组织建立了俄国第一条实用无线电报线路，距离 40 千米，完成了营救任务。三个月后，通过这条无线电通信线，还救出 27 名偶然遇险的渔民。当时在喀琅施塔得港担任司令的马卡洛夫收到波波夫的报告，非常高兴。这位留着长髯的海军上将立即给波波夫发了一封热情的贺电。

马卡洛夫是俄国第一个理解波波夫事业的人，他是波波夫的"普利斯"。遗憾的是，俄国不是英国，马卡洛夫一个人扭转不了乾坤。正如苏联《俄国物理学史纲》一书感叹的：

由于营救战舰"阿普拉克辛海军上将"号时，成功地应用了无线电报，海军部这才相信了波波夫发明的效用。波波夫受托在俄国军舰上训练士兵使用无线电报。但是宝贵的时间已经一去不复返了！

## 七、飞越大西洋的"S"

1900 年 10 月，马可尼开始在普尔杜建设第一座大功率无线电发射台，该台采用了 10 千瓦的音响火花式电报发射机。马可尼开始了他建立欧洲和美洲间的无线电通信计划。他雄心勃勃、大胆沉着，决心让信号飞越 2800 千米的大西洋，这连很多内行都认为难以实现。当时，人们认为电磁波和光波都是直线传播，不能绕射，因而不可能绕过地球的曲率。更何况当时的无线电收发装置还处于婴儿时期，连电子管放大电路、超外差式接收电路都还没有发明使用。马可尼是一个敢想敢为的青年发明家，众人断言办不到的事，他偏要认真地去实现。

马可尼建立普尔杜发射台耗资数万英镑。这样一笔巨款，对波波夫来说是望尘莫及的。当马可尼在普尔杜建造世界上最大的无线电发射台时，俄国国内连最普通的收发报机都不能生产。为了解决海军装备的急用，波波夫于 1900 年夏天不得不风尘仆仆地到法国和德国去购买电台。当时巴黎正举行国际电气展览会，波波夫的发明也参加了展出。8 月 18 日，展览会评判委员会授予波波夫大金质奖章。这是对波波夫的表彰，也是对沙俄帝国一个极大的讽刺。

1901年冬天,一切准备就绪。马可尼开始向大西洋进军。

11月26日,马可尼在肯普和另一名助手佩基的陪同下,乘"撒丁"号船从利物浦启航,驶向加拿大的纽芬兰。当时气候严寒,甲板上常常结着薄冰,整个航程平淡无奇。望着滔滔的大海,马可尼不由得心潮起伏。他知道他们正在进行一次历史性的航行。40多年前,勇敢的开尔文沿着这一航线,敷设了大西洋第一条海底电缆。今天,他要去开拓一个新的领域,完成人类通信史上更伟大的壮举。

12月6日,星期五。船到达纽芬兰的圣约翰斯港。抵达纽芬兰的第三天,实验的所有准备工作都圆满完成。12月11日开始架设天线,马可尼先决定使用气球。由于天线很长,相当重,他们用了一只直径4米的大气球,里面充满了氢气。但当气球升到约3米高时,忽然刮起大风,气球竟被卷走了。第一次实验还未开始就失败了。

第二天,风仍然未停息。马可尼心想,改用风筝可能会好些。4年前他在布里斯托尔海湾的成功就是用的风筝。就在当天上午,他们赶制好一个正六边形的大风筝。在一阵紧张的操作之后,风筝牵引着天线升了起来。天线下端固定在一根粗大的电线杆上,并通过一根引线从窗户引入医院内的机房。风筝在大风中左右飘摇,但终于被控制住了,一直升到120多米的高空。

马可尼曾记载了他当时激动的心情。他写道:

关键的时刻终于来到了,为了给它铺平道路,我做了

6年持续而艰巨的工作。来自各方面的批评和困难从未使我动摇过。我即将检验我的理论的正确性，证明马可尼公司和我已获得的300余种专利。为了实验和在普尔杜建造大功率无线电站花费了数万英镑，这笔钱是不会白花的。

成败在此一举。为了更有把握，马可尼决定不用以往实验采取的莫尔斯电码记录仪作终端，而改用电话机来直接收听金属屑检波器的输出信号，因为在当时人的听觉比记录仪灵敏得多。这个事实是1899年波波夫做通信实验时首先发现的。

1901年12月12日到了预定的通信时间。大家屏声静息地等候着。大约到中午12点半时，电报键突然发出尖锐的"咔嗒"声，表明有什么信息来了！马可尼立即抓起听筒，紧张地聆听。

千真万确，这就是来自大西洋彼岸的信号！三个微小而清晰的"嘀嗒"声在马可尼耳畔响起，这相当于莫尔斯信号的三个"点码"，即"S"字母。

马可尼异常激动，在一瞬间他几乎不敢相信这是事实，于是把电话机递给身旁的肯普说："肯普先生，你听听有什么没有？"肯普接过听筒，兴奋地贴在耳朵上。几秒钟之后，他一下喊起来："是他们的信号，是的！三点短码！"

从普尔杜发来的"S"字母信号，越过大西洋，被他们清晰地收到了！这个信号是马可尼预先约定的。此刻，马可尼抬起头来，望了望空中随风翱翔的风筝，眼睛里闪现出快乐的光芒。他确信，不用电缆进行横越大西洋通信的时代已经不远了。随后，他们又收到 25 次"嘀嗒"声。实验已经成功,这是确定无疑的事了!

实验结束后,马可尼同肯普、佩基微笑着走出大楼,站在石阶上。一直等候在外的摄影记者为这三个战友照了相,这是一张非常珍贵的历史留影。

出乎意料的是,这一轰动的新闻传开后,立即引起各种不同的反响。对于这个无线电发展史上的重大突破,欢呼和赞叹的人自然是多数,但表示怀疑的也大有人在。另一些怀有敌意的报刊,显然是领了某些公司的津贴,也跳出来反对马可尼,大吹冷风。在关键时刻,英国最有影响的《泰晤士报》挺身而出,接连发表文章,积极宣传马可尼的实验,并给予很高评价。许多年后,马可尼在回顾这段不平凡的经历时,还充满感激之情。他说:

> 当时这个国家某些权威的技术报刊是反对我的,他们不遗余力地怀疑我以及我在长距离无线通信上的工作。《泰晤士报》却相信我,并且迅速和有力地抨击那些守旧派。无线电自 1901 年后已有了巨大进步,而我常常怀念早年的日子,深深地感激那些非常友好的鼓励和支持,知道像"泰晤士"这样一个大报是相信我的,这给了我勇气和力量。

1903 年春天,《泰晤士报》开始用无线电从美国向英国传送新闻。每日的最新消息,当天即可见报。这时候,马可尼的事业取得了世界范围的大发展。英国、意大利、加拿大、美国、德国、比利时、刚果等许多国家的海岸、要塞都装备了马可尼的无线电台。成百艘在大西洋航线上的邮船，也纷纷采用了马可尼的装置。无线电开始成为全球性事业。

## 八、荣誉、发明权及其他

在科学史上，常有这种情况：当一项重大发明刚刚破土而出时，总会遇到种种非难和阻力，而一旦它扎下了根开花结果，接踵而至的就是有关发明权的争执——究竟谁是真正的发明者？个人的虚荣，集团的私利，某些狭隘的民族意识，常常使这种纠葛变成一场国际间的争夺战。

当无线电的灿烂前景展现在世界面前时，无线电的发明权也成了许多公司或集团逐猎的目标。有的国家不承认波波夫的工作，有的对马可尼的贡献提出非议，第三种人则问道：功劳究竟归波波夫、马可尼，还是更早的先行者呢？

几位无线电的先驱者，对发明权却怀着谦虚的精神。

早在 1898 年，布冉利就表示：

> 虽然我所常常称作原理性实验的无线电导体实验能够成为无导线电报的基础，但我却没有任何侵占这个发明权的念头，因为我从来没有想到过发送信号。

这位第一个发展了赫兹研究成果的法国科学家，把发明的荣誉让给了后来者，他说：

无线电报实际上是从波波夫的实验中产生的。

卢瑟福也表了态。这位新西兰人1910年在《卡文迪许实验室的历史》一书中曾自豪地说，在马可尼着手进行无线电报的实验之前，他就已经进行了半英里外检测无线电信号的实验了。不过这位原子物理学家并没有争夺无线电发明权的意思。他是推崇马可尼的。他说这些话，只是对自己早年陶醉的课题流露出一种缅怀。

对无线电有过重大贡献的另一位科学家、英国的洛奇声明说：

当时我忙于教学工作，以至于无法从事电报或任何其他方面的研究工作，我也没有能够有预见地抓住那些已经对海军呈现出不寻常的重大意义的电报……

波波夫怎么说呢？他既肯定自己的工作，又承认马可尼的贡献。不过对后者提出了轻微的批评。在1899年和1900年间的全俄电气工作者第一次代表大会上，波波夫在报告中谈道：

马可尼是否知道我的仪器，这或许是可能的……马可尼把许多众所周知的事实归功于自己……无可置疑，长距离电报通信方面，首次的实际成果，是马可尼最早达到的。

总体而言，这位俄国发明家最后还是能够讲究实事求是。

但是俄国政府却没有这样"谦虚"。1908年,俄国物理化学协会专门成立了一个委员会,对发明无线电的优先权进行调查。该委员会向许多外国学者发信征询意见,最后宣布波波夫享有发明无线电的优先权。这些俄罗斯的爱国教授们理直气壮地说:是波波夫最早传递了无线电报,连布冉利都承认这一点,马可尼理当靠边站!

英国的学者们则不服气。他们提出了似乎更充足的理由:瓦特并没有发明蒸汽机,但他发明了在冷凝器而不是在汽缸中冷凝蒸汽,从而使原始的不经济的引擎变成了实用的蒸汽机,最终导致了一场工业革命。莫尔斯也不是第一个发明电报机的,但莫尔斯发明了莫尔斯电码,电报才成为广泛应用的通信工具。同样,马可尼的确没有在波波夫之前作真正的无线电报表演,但是他第一个使无线电走出实验室,也是他第一个让无线电越过海峡,飞过大西洋,变成真正实用的通信工具。世界上公认瓦特发明了蒸汽机,公认莫尔斯发明了电报,自然也应公认马可尼发明了无线电!

基于同样的理由,1905年5月4日,在美国关于无线电发明权的一场诉讼中,北美巡回法庭判定马可尼为无线电发明者。宣判时,法庭庭长有一段别具一格的判词,后来成了无线电史上著名的文献。这段判词如下:

据说,由于全球的科学界都被赫兹1887年[1]关于电波的史无前例的新发现所惊醒,有人因此试图否认马可尼的

---

[1] 判词写赫兹验证电磁波为1887年,实际上一般公认为1888年。

伟大发明。实际上，九年过去了，没有一个人使电波得到实际应用或取得商业上成功的结果，而马可尼是第一个说明并利用赫兹波成功传送简明易懂的信号的人。

马可尼对火花电报技术的正确贡献，可以叙述如下：麦克斯韦和克鲁克斯提出了用击穿放电产生电振荡的理论，赫兹产生了这个振荡并说明了它的特性。洛奇和波波夫发明了仅限于演讲和局部实验的装置，或是像雷雨观测这种不能实用的仪器。马可尼发现了有效地把这些振荡转变为一定信号的可能，并利用他自己手中的工具，结合别的实验室已不用的仪器作了一系列深入的实验，改而复用，用而复改，终于使他的发明发展为完整的系统，从而成功地变成商业上的运用。

别的发明者，在电领域的大海中冒险向前，他们遇到赫兹波的浪潮却让它滚滚而去，并未意识到这种新潮流注定会促进世界商业的货运和贸易。他们也曾注意到能揭示其特性的现象，但怀疑其实现的可能，并担心在破浪前进中会遇到想象中的暗礁、海峡的阻碍以及搁浅的沙洲。马可尼则敢于扬起风帆，到未知的潮流中去勘探，他第一个揭开了新的航线。

威廉·汤森庭长的这段颇富文采的判词，后来获得世界大多数国家的公认。这表明，人们在判定一项科学发明权时，把谁使这项发明对社会生产产生重大影响放到了必要的高度。20世纪以来，科学技术对现代人类生活发生了如此巨大的革命性影响，是和这种价值观念有着内在联系的。

1909年11月，因为发明无线电的功绩，35岁的马可尼荣获该年度诺贝尔物理学奖。同时与马可尼分享这个荣誉的，还有一位阴极射线荧光管发明人德国物理学家布劳恩。而在这以前三年，1906年1月13日，波波夫患脑溢血突然去世，年仅47岁。这位为发展无线电而不懈奋斗的俄国科学家，最后淡泊终身。如果说马可尼是无线电史上幸运的弄潮儿，波波夫则是一位悲剧性人物。在探索无线电的群英中，他第一个脱颖而出，但由于沙皇的腐朽，他的事业得不到自己国家的重视和鼓励。他热爱祖国，曾几次谢绝了外国科研机构的聘约，最后是壮志未酬，遗恨千古。

波波夫的遭遇，不只是个人的悲剧，也是沙俄帝国的悲剧。1905年5月，俄国波罗的海舰队在对马海峡遭到装备有优良无线电通信设备的日本联合舰队的伏击。而俄舰因通信系统落后，耳目迟钝，指挥不灵，结果全军覆没。对马海战之惨败，不啻是对最早发明无线电的沙俄帝国的最大嘲弄。

## 九、浮海为家

马可尼在无线电上的巨大成功，使他获得很多荣誉。除诺贝尔物理学奖外，他还得到美国的富兰克林奖章、俄国和西班牙的勋章和其他一些名目的奖章。诸如什么议员、元老、院长、侯爵、会长等头衔，更是数不胜数。一个人成了名，到处都来锦上添花，这似乎已成惯例。不过马可尼并不爱出风头，在荣誉面前还能够自持。人人都知道他是无线电发明家,他却常以一名"业余爱好者"自居。

1918年9月,马可尼采用等幅波发射,在英国和澳大利亚间传递了第一份无线电报。从1916年至1922年间,他又开拓了短波通信的研究。1920年,马可尼买了一艘"伊莱特娜"号游艇。他把这艘在第一次世界大战中被英国海军大将所用过的奢华游艇,改装成为一艘浮动实验室。艇内除有书房、卧室、洗澡间外,最引人注目的是无线电舱,里面装有实验仪器和各种长短波无线收发报机,专供通信实验用。马可尼在这条船上乘风破浪,浮海为家,进行了许多重要的通信实验。他曾对朋友说:

我生来是作为水手的。我热爱大海,不但因为它把我从陆地上的烦恼中带走,而且因为在海上我可以随心所欲地去思索、研究和实验。

马可尼生前对中国怀有友好感情。1933年12月,马可尼曾访问我国。他从日本出发,于12月7日抵达上海,受到上海各大学联合会、中国无线电工程学校、中国科学社、中国工程师学会、中华无线电研究社等14个团体的热烈欢迎。马可尼参观了上海交大,为了纪念他的功绩和欢迎他的莅临,在上海交大工程馆前立了一根纪念铜柱,命名"马可尼铜柱"。马可尼和夫人亲自参加了植柱仪式。这次访华给马可尼留下了深刻印象。他曾对人说,在京浦列车上经历了这样长的旅途,再翻开世界地图把中国和意大利一比,不禁深有所感。

当然，世上没有完人。马可尼一生中也有过瑕点，他研究过杀人武器，并为当时意大利政府的侵略战争出过力。

1934年4月25日，马可尼60岁生日。世界各地拍来了贺电。为了纪念他的伟大贡献，国际海上无线电协会代表50个国家，一致通过把4月25日命名为国际马可尼日。

1937年7月20日，马可尼病逝。全世界都哀悼这位无线电巨人离开了人间。葬礼举行时，罗马有上万人参加送葬行列。英国所有邮局的无线电报和无线电话都静默2分钟，以表示对马可尼的悼念。

马可尼一生的历史，也就是无线电发展的历史。当马可尼22岁到英国时，无线电还在摇篮中；当他载誉离世时，无线电已成为遍布全球的一项伟大事业。正如一家著名杂志在他逝世时所评论的：

多少人仅仅满足于证明无线电的可能，他却实现了。这无疑是伟大的！

（作者：松　鹰）

# 肖克利

## 毁誉参半的半导体科学家

威廉·布拉德福德·肖克利
(William Bradford Shockley, 1910—1989)

在20世纪众多科学天才中，威廉·布拉德福德·肖克利是为数不多的备受争议、毁誉参半的人物。在科学上，肖克利有重大贡献，创下了一连串光辉业绩，最引人注目的是与约翰·巴丁、沃尔特·布拉顿因发明晶体管而分享了1956年的诺贝尔物理学奖。鲜为人知的是，肖克利还是较早发现"慢中子效应"和设计出核反应堆的科学家之一。肖克利不仅参与发明了晶体管，而且把晶体管引向实用之路，他点燃的"晶体之火"，照亮了以半导体硅为基础的信息革命之路。2002年，在斯坦福大学举行的纪念肖克利的会议上，会议的组织者说：

肖克利就是那个把硅带到硅谷的人。

但在他的科学成就光环之外，也围绕着一片片与他的科学家声名不太和谐的云翳。最使他陷于尴尬地位的就是他晚年所大力提倡并以捐献精子加以支持的"新优生学"。为此，肖克利被人戴上了"希特勒主义者"的帽子，其"种族主义"观点被比作"纳粹"。尽管肖克利最后以诉讼的方式洗雪了耻辱，但他还是不时被贬为"种族主义者""白人优越论者"和"科学种族主义者"等等。为了从多个方面认识肖克利，让我们依据所掌握的资料对肖克利的科学贡献和优生观念及其引发的争议进行探讨。

## 一、简略生平

肖克利的母亲科拉·梅·布拉德福德是斯坦福大学早期的毕业生,是美国第一位享有矿藏测量员头衔的女性。据说27岁的她眼光很高,最终嫁给了51岁的从英国来美国开采金矿的工程师威廉·希尔曼·肖克利。老肖克利虽是英国人,却毕业于麻省理工学院,除了工作,他在音乐、语言和文学等方面均颇有教养,是个谈吐文雅的英国绅士。有意思的是,老肖克利曾作为英国投资代表在中国工作过五年,与清政府官员打过交道。他们俩于1908年在英国完婚,1910年2月13日生下了儿子威廉·布拉德福德·肖克利。

肖克利3岁时,一家人从英国回到美国,定居于加州旧金山附近的帕洛阿尔托。小时候,肖克利在小朋友中间的表现比较"称王称霸",已经显示出某种强势人物的苗头。8岁时,父母把他送到了当地一家有名的私立学校,据说他入学的智商测试值是129分,很聪明,但还没到天才的程度。两年后,父母为矫正他的顽劣性格,还曾送他到帕洛阿尔托的军事学校参加过训练。

读到中学时,肖克利提前一年完成了初中学业,之后随父母迁居好莱坞,就读于好莱坞的一所高中。此时,他开始对自然科学,尤其是物理学表现出极大兴趣,即使在暑期,他仍然到洛杉矶培训学校去进修物理课程。1925年年初,15岁的肖克利亲手制作了一台矿石收音机,这成为他接触电子产品的契机。不幸的是,这年5月他的父亲去世了,这对肖克利的打击很大,他的坏脾气愈加严重。

高中期间，肖克利在自然科学方面的学识经常有超过老师之处，于是他就经常在课堂上把比老师简便的解题方法讲给同学听，就是为了让老师难堪。这导致他在临毕业前虽然取得了物理竞赛第一的成绩，却仍被老师以他提前修过这门课、有作弊之嫌为由剥夺了到手的奖励金杯。他倒也无所谓，依然因自己"相当擅长物理学"而扬扬得意，并断言"我们的时代是个伟大的机械时代"。

肖克利在加州理工学院完成了本科学业，这所学校给他的最大帮助与其说是给予学识，不如说是遇到一位恩师，即他在加州理工学院的指导老师：阿诺德·贝克曼。贝克曼是一位化学家、企业家，最后还成为风险投资者，在肖克利创办半导体公司的初始给过他很大帮助。

1928年9月肖克利从西部到东部，进入麻省理工学院读研。当他学习到当时刚出现不久的量子力学理论的时候，立刻被其深邃的思想和优美的形式所深深吸引，立刻决定深入钻研这个理论，并利用这个理论开展研究工作。按照麻省理工学院的体制，学生与导师可以双向选择，肖克利选择了物理系主任斯莱特作为自己的博士论文导师。在斯莱特的指导下，肖克利研究了利用维格纳－塞茨分级递推近似计算法估算氯化钠的能带值，首次尝试将能带理论应用于化合物。对于这项成果，肖克利很是自豪，但对导师的指导评价却不高，他甚至自负地说：

是我经过极其复杂的能带计算，为真实的晶体首次勾勒出了关于能带分布的真实画面。

此话并非完全没道理，但因此否定导师的作用其实也是不太恰当的。肖克利与导师斯莱特的相处因此并不融洽，甚至在毕业时的聚会宴中，肖克利都没有邀请斯莱特，并表示："我要永远地怠慢他。"这也是他后来为人诟病的缘由之一。但有点讽刺意味的是，几年后两人又成了同事与好友。

肖克利于1933年8月在加利福尼亚与女子琼·贝雷结婚，次年有了长女艾利森，拖家带口的肖克利急需较高报酬的工作来养家糊口。1936年，当他刚刚谋得耶鲁大学物理系讲师职位的时候，时任贝尔实验室研究部主任的凯利也给肖克利提供了一个到该实验室工作的机会，并且薪水优厚，达到了肖克利的期望。肖克利立刻放弃耶鲁大学教职，就任贝尔实验室的研究人员。实际上，肖克利的此次好运气是他的一位老师莫尔斯大力推荐促成的。当然，肖克利在量子力学方面良好的素养也是凯利相中他的主要原因。肖克利不负厚望，第一年就发表了8篇论文。更为重要的是，他还成功申请了自己平生的第一个专利——一个通过屏栅使一束电子流聚焦的器件。这些成就意味着他赢得了在贝尔实验室发展的第一步。

第二次世界大战期间，1942年5月肖克利应莫尔斯的要求加入了由其领导的"反潜武器指导小组"。只用了几天时间，他就发现了美国海军飞机在反潜方面低效的问题所在。后来，他通过综合分析得出纳粹飞机没有装备雷达的关键性信息，为盟军制定海战方案提供了可靠依据。但肖克利对二战的最大贡献，是他于1944年研制的一个能对B-29轰炸机飞行员进行高效训练用的新型雷达视镜装置,他还花费了三个月时间穿梭于世界各地的盟军空军基地指导实施。由于此项贡献,肖克利于战后的1946年被授予了平民的最高战争奖——国家功勋奖章。

二战后,肖克利回到贝尔实验室工作,并兼任美国国防部顾问。1958—1962年,肖克利还兼任美国空军科学顾问委员会顾问。1962年,肖克利成为美国总统科学顾问委员会最年轻的委员之一。

肖克利由于与巴丁、布拉顿等人共同发明了晶体管,成为引人注目的人物。在获得诺贝尔奖的呼声迭起时,1955年,肖克利在他本科导师贝克曼的仪器兼风投公司的资助下离开位于东部新泽西的贝尔实验室,回到童年的故乡旧金山创建了以他自己的名字命名的"肖克利半导体实验室"。翌年,肖克利与巴丁、布拉顿三人不出意料地获得了诺贝尔物理学奖。此时,顶着诺贝尔奖获得者的光环,肖克利踌躇满志地在一处离斯坦福大学不远、名叫"山城"的地方成立了自己的公司,扩大实验室规模,并招到了一批极具天资的年轻人,这就是"硅谷"的最早萌芽。但在不久后的1957年,由于多种原因导致了肖克利公司的一批年轻科学家共8人离司出走,史称"八大叛逆事件"。肖克利实验室遭受严重挫折,随后,经过重组,该实验室于1960年转售给马萨诸塞州的晶体管公司。肖克利仍在其中充当研发者的重要角色,但公司从未获过利。1965年,不得已,公司又被卖给了美国国际电话电报公司,并迁到南部的佛罗里达州,最后还是没能逃过破产的命运。肖克利自己的晶体管公司尽管并不成功,但却为"硅谷"的发展充当了"播种者"的角色,后来许多新兴半导体及其相关业务的科技公司,都可追溯到他的实验室、他本人以及"八大叛逆事件"中的那批年轻科学家。

肖克利的实验室破产后,他重回贝尔实验室工作,后来又在斯坦福大学担任讲席教授,讲授工程与应用科学课程。其间,他的研究课题"科学思维的脑力工具"还获得过美国联邦政府的大额资助。1965—1975年,肖克利在任职贝尔实验室行政顾问的同时,也兼任了美国陆军高级顾问以及美国宇航局顾问,并于1968年获得了自己人生的最后一项专利。

之后,他的兴趣转到"人口和优生"研究,不料却引来更多的矛盾和争议,甚至影响到家庭成员之间的关系。1989年8月14日,肖克利逝世于斯坦福大学医院,享年79岁。他的儿女们还是从报纸上才获悉了他去世的消息。

## 二、肖克利的科学贡献和其间的争议

肖克利的科学研究领域主要是固体能带、铁磁畴、金属的塑性、晶粒边界理论、有序-无序合金、半导体理论的应用以及电磁理论等,发表论文100余篇。1950年发表的《半导体中的电子与空穴》和1952年发表的《几乎完全晶体的不完整性》都是有名的文章。此外,肖克利和皮尔森合著有《肖克利的优生和种族观点:应用科学解决人类问题》。

肖克利一生共获得90多项美国专利权。其中比较典型的有:

"半导体放大器"(美国专利号2502488),他的第一个关于晶体管的专利,申请于1948年9月24日。

"双稳态电路"(美国专利号2655609),用于计算机,申请于

1952年7月22日。

"用离子轰击法制造半导体器件"（美国专利号2787564），植入非纯材料的扩散过程法，申请于1954年10月28日。

"生长单晶体的程序"（美国专利号3031275），提高了生产基本材料的过程，申请于1959年10月20日。

"碳化硅晶体的生长法"（美国专利号3053635），扩展了其他半导体的材料，申请于1960年9月26日。

肖克利一生荣誉等身，科学方面有：美国国家科学院院士、美国物理学研究所研究员；除1956年度的诺贝尔物理学奖之外，1951年获得约翰·斯科特奖章，1952年电气与电子工程学会授予的莫里斯·利布曼纪念奖金，1953年美国物理学会授予的奥利弗·E.伯克利固体物理学奖，1954年美国国立科学院授予的最高奖——科姆斯托克奖金，1963年美国机械工程协会授予的霍利奖章，1966年加利福尼亚理工学院授予的卓越校友称号，1969年美国宇航局授予的公共服务组织奖等。

此外，肖克利还被美国《时代》杂志评选为"二十世纪最具影响力的百名人物"之一，被授予国家功勋奖章和受到空军协会的荣誉嘉奖。

但在他最有名的贡献，即晶体管的发明问题上，肖克利却是个具有争议的人物。

早在1944年，研究部主任凯利据贝尔实验室总裁巴克莱的指示——从战争转向和平时期的机构改组方针，首先将肖克利和布拉顿召回，准备重建固体物理组。1945年夏，贝尔实验室给筹备中的固体物理组制订科研任务，主要目标是研究半导体、导体、电介质、绝缘体压电和磁性材料在内的固体物理，寻找控制固体原子和电子排列和行为的方法，获得新的有用性质。1946年1月，贝尔实验室正式成立了固体物理研究组，其下分半导体物理组和冶金组。半导体物理组由肖克利担任组长，他同时还和化学家S.摩根任固体物理研究组的共同负责人。在肖克利推荐下，实验室聘请了固体理论物理学家巴丁加入团队，由此组成了理论、实验和电路方面的联合研究小组。此团队先后发明了点接触型晶体管、结型晶体管和场效应晶体管等，开创了微电子科技和信息时代。

所有故事都是由研究部主任凯利的"电话切换应该是电子化的"这个期望开始，此方向成了引导肖克利那时在贝尔实验室半导体物理组的主要工作目标。半导体物理组的使命就是寻找一种固体放大器来替代能耗成本高、可靠性差的真空电子管放大器。一开始，肖克利利用量子力学理论为P型和N型半导体勾画了能级图，揭示了当外部强电场作用于P-N结时这些能带的变化情况，即利用外加电场影响到半导体内的电子和空穴的行为，使半导体电路产生明显的场效应。但是，把一个外加电场加在半导体上以影响它的导电性的设想都在实验时无一例外地失败了。

这个结果使肖克利很困惑。1945年10月巴丁到来后，肖克利向他提出了这一问题。约半年以后，巴丁认为是"表面态效应"阻止了场效应产生于半导体表面。于是，半导体组就转向"表面态效应"的研究。1947年11月21日，巴丁提出了在硅晶体片上形成点接触的方案，经布拉顿的妙手设计和反复调试，终于在回路中得到了微弱的放大电流。12月初巴丁提出改用耐反向高压的锗晶体，巴丁和布拉顿用一条细金丝接触锗晶体的表面，得到了输出信号电压放大2倍和功率放大了330倍的惊人结果。15日，根据巴丁的测算，布拉顿将两条金属线的接触点距离缩小到了0.004厘米。第二天下午，他们进行了改进后的首次实验，获得了放大1.3倍的电流，输出电压也放大了15倍的神奇结果。这个放大器能使音量增大100倍。同在贝尔实验室的皮尔斯建议把这一新型放大器命名为"晶体管"（Transistor），其取意为跨越阻力，英文是个组合词：Transfer的前半部分加Resistor的后半部分，即Trans+istor。

在申请专利时，贝尔实验室一开始拟提交四份专利申请，其中第四份是最关键的一份，即点接触型晶体管。肖克利提出的场效应原理因为与曾经担任过德国莱比锡大学教授、后移居美国的朱利叶斯·利林费尔德于1930年申请的"外延场效应晶体管"专利冲突，不能包含在第四份专利申请中。贝尔实验室为此还成立了专门委员会来研究调查利林费尔德的专利。而巴丁和布拉顿则坚称点接触型晶体管的发明是他们两人各有一半贡献，并以实验室笔记的记录来佐证。作为组长的肖克利不能分享此专利，这不仅使他很恼火和沮丧，更严重的是在半导体物理小组内深深地植入了分裂的种子。后来，贝尔实验室的管理层决定每一张公开的巴丁和布拉顿相片中必须有肖克利，肖克利也将在贝尔实验室的官方宣传点接触型晶体管发明中扮演突出角色。但真正导致肖克利"名誉受损"的是美国《新闻周刊》的报道。当时，美国的大多数报刊都是与美国电话电报公司档案室所公布的"巴丁和布拉顿是在肖克利的领导下"给予

报道的。而《新闻周刊》在报道时却只提到了肖克利,并且说:

是他在探究半导体的性能时偶然发现这一规律的。

这就引发了很多人对肖克利欲贪整个晶体管天下之功的争议。其实,肖克利当时倒并不想削弱巴丁和布拉顿工作的重要性,只是想把自己也包括进去而已。于是肖克利便主动向《新闻周刊》发信要求对所报道的失实内容给予更正。《新闻周刊》在更正的同时也把肖克利的信件刊登了出来。

专利申请和新闻报道事件也曾使诺贝尔奖委员会对肖克利是否应该包括在晶体管的发明人之中存有异议。这就使本应于1954年就颁发给晶体管发明人的诺贝尔奖推迟了两年,到1956年才予以颁发。关于肖克利的谣传即使在颁奖后也未能因事实的澄清而消散。肖克利还为此致信诺贝尔奖委员会质问是谁对他的获奖存有异议。

其实,肖克利的获奖是源于他的结型晶体管发明权。而结型晶体管不但是他的独特创造,也是实用晶体管的真正开端。早在1946年11月肖克利就建议将硼酸脂液滴置于P-N结界面处,并在液滴上加电压。由于布拉顿突患感冒待在家里,另一位研究人员皮尔逊就继续了布拉顿按肖克利建议所设计的实验。实验表明,采用肖克利的方案,确实可以对流经P-N结的电流进行控制。只是由于锗晶体的换用带来的振奋,这一研究便被搁下了。点接触型晶体管成功后,肖克利一直认为它是简陋和不实用的。于是他以极大热情投入到了一种新的放大器设计中。

1947年12月31日夜晚,他设计出了P-N-P"三明治"结构的放大器初步模型。20多天后的1948年1月23日,肖克利又有了新的突破,他以N-P-N模型代替了原先的P-N-P模型,用电子取代空穴来充当基本载流子,三层半导体均与电源相连,可以更好地控制每层电压和层间电压,他还把这种放大器命名为"高功率大面积半导体阀"。直到2月13日,肖克利才在实验室报告了他的结型晶体管发明方案,这使包括巴丁和布拉顿在内的其他研究人员也感到非常钦佩。

1948年6月26日,贝尔实验室为肖克利的结型晶体管填写了专利申请文本。7月,肖克利在《贝尔系统技术杂志》上发表了后来成为半导体研究领域权威的论文《半导体的P-N结和P-N结型晶体管的理论》。1950年4月7日,第一只商用结型晶体管制造成功。

诺贝尔物理学奖最后对晶体管的发明奖励缘由是:巴丁关于表面态的理论突破、布拉顿的点接触型晶体管的证明和肖克利的实用结型晶体管的发明。这也算是对争议的一个定论和对流言的一种否定。虽然肖克利在点接触型晶体管专利权之争中略有争功之嫌,但独享结型晶体管的发明权却是实至名归。

1955年3月第一只扩散型硅晶体管问世。肖克利马上意识到,用新开发的浮区提纯法,就能够工厂化生产响应频率为几百兆且耐高温的晶体管和电子开关,除满足美国新一代高科技武器系统的要求外,还有助于凯利的"电子化电话系统"之梦的实现。而贝尔实验室却远未认识到这一价值,这是导致肖克利决心自己创业的根本原因。而恰在这时，他遇到埃米（之后成为他第二任妻子）并得到她的鼓励，这也算是另一个动因。

肖克利与老师贝克曼的仪器制造公司建立合作关系，于1955年9月在贝克曼公司旗下建立了一家子公司，这就是位于旧金山湾区山城安东尼路391号的肖克利半导体实验室，由肖克利任实验室主任。肖克利当时宣布说，他要建立"世界上最具有创造性的团队来开发和制造晶体管，以及其他的半导体器件"。肖克利在选聘该领域最优秀科学家的能力上是无人能比的。他所招到的第一个人，就是在麻省理工学院获得博士学位、当时正在研制响应频率最高晶体管的29岁的诺伊斯。第二个是毕业于加州理工学院、年仅27岁、曾在霍普金斯的应用物理实验室工作过的物理化学家G.摩尔。后来又陆续招到了具有惊人才能的瑞典出生的物理学家赫尔尼、父亲是冒险资本家的克莱纳、来自西部电器公司成为肖克利半导体实验室的生产部经理和主任助理的克纳皮克、来自麻省理工学院的拉斯特、来自道化学公司的罗伯茨和来自加州大学伯克利分校的乔安斯等人。这些人都无一例外地接受了肖克利亲自主持的测试。

一开始，肖克利坚信半导体的未来是硅而不是锗，他也使所有人明白他的目标是生产硅晶体管。而他雇用的每个人都完全赞同他的决定。实际上，这些人也是冲着这一有前景的目标而来。但是，肖克利心目中想要建造的是一种硅晶体器件，而不是晶体管，他要做的是一个四层的二极管，也是他在贝尔实验室曾研究过的复杂半导体器件的某种延续。为防止走漏消息，肖克利还特意在远离实验室的另一处大楼上设立了一个秘密研究组，而这相当于把实验室分成了两个截然不同的组成部分。其管理模式也有森严的等级制度，下级必须服从上级的指令，也就是所谓的"野鹅按队飞"。他这种大权独揽的做法引起了员工的不满，甚至受到抵制。1957年1月的一次会议上，诺伊斯告诉肖克利，大家对他的这种铁腕管理方式存在着"普遍不满"，摩尔也抱怨说继续这样下去必将导致"精神崩溃"。结果，在准备庆祝公司成立一周年的前一天，乔安斯成了第一位打辞职报告的雇员。诺伊斯回忆说：

我认为我和肖克利的主要问题是，你做了一项工作，那么他会打电话给贝尔实验室来核对它是否正确。他并不信任你！

与此同时，肖克利半导体公司仍然没有产品出售。诺伊斯认为多层二极管是一项错误的技术决策，他和另外几个人私下抽时间仍然继续研制硅晶体管。

此时，肖克利实验室已经处于分裂的边缘。其间贝克曼曾于1957年5月就此问题抵达实验室一探究竟。结果肖克利并不给自己老师一点面子，当众顶撞了贝克曼。这使得公司一些人觉得公司高层间也有裂隙。贝克曼抵达后的第二天一早，公司有8个不满公司现状的人决定要告诉贝克曼"真相"。贝克曼经过与这些人反复商讨后，决定改组实验室，剥夺肖克利的领导权，让他做顾问。但贝克曼后来又妥协了，同意肖克利仍然继续掌管实验室，只另设一个总经理职位，直接对贝克曼负责。这8个人感到自己被拆了桥，在肖克利实验室恐已难再待下去。于是，在1957年9月18日，这8八个人：诺伊斯、摩尔、拉斯特、罗伯茨、布兰克、格利尼克、赫尔尼和克莱纳等集体辞职了。这就是被肖克利所痛斥的"八大叛逆事件"。

今天看来，肖克利当时设计的多层二极管，其实是个很高明的概念，从某种意义上讲，它实现了电子线路的开关转换功能，可算是初级的集成电路。但在当时的生产条件下，这种二极管的稳定性很差。正如美国科学史家邦丢派迪阿所说：

> 肖克利是二极晶体管潜在作用的少数载流子发射的革命性概念的唯一发明者……肖克利结型晶体管革命性理论的发明带来了半导体革命，掀起了硅时代。

## 三、肖克利与优生学

对于优生学，一般的看法是，人类的进步也和其他生物一样遵循自然淘汰法则——"优胜劣汰"。但随着文明的进步，作为进化原动力的这种淘汰作用变得迟钝了，有些地方甚至出现了所谓"逆淘汰"现象。这时候，从理性的角度看，人类确实应该进行文明进化的自我省察。

"优生学"具有悠久历史。古希腊哲学家柏拉图曾建议：国家不仅应在个人生活上实行干涉，并且须在生殖上进行控制。他主张奖励身心两健的男女结婚，以谋善良子孙的生殖；同时应禁止恶质者结婚，把他们流放到孤岛上，以遏其繁衍。亚里士多德也有类似的看法。

现代优生学的建立者是达尔文的表弟高尔顿，他于19世纪中期就开展了对优生学的研究，并将毕生精力贡献于此。高尔顿的优生学定义是：改善未来人类的精神和身体的学问。他在1911年临终时捐献了自己的全部财产设立"高尔顿研究所"。1912年，英国第一届优生学会在伦敦召开。美国人最早开展这方面研究的是卡耐基研究院下设的优生学记录所，由优生学家达文波特任所长，曾进行了多次大规模优生学调查。20世纪，欧美各国广泛开展了关于优生学的研究，出版多种期刊和研究报告。优生学逐渐成为一门相对成熟的学科。

由于医学的进步，许多原来会被自然淘汰的特殊生理体质或有严重生理缺陷的人体性状得以生存，并且还可能被遗传下去。虽然其数量并不多，但从长期的观点看，的确存在着扩散的可能性。很大程度上，这种对扩散的担心在优生学者当中成为一种共识。成立于1931年的美国人口协会和成立于1928年的科学调查人口问题国际联合会等公立学术机构，都曾经就缺陷的扩散问题进行过调查和研究。美国也出现了一些民间的研究机构，如迈阿密大学研究人口问题的塞利普斯基金、俄亥俄州米尔班克记忆基金等，这些民间机构于1936年在普林斯顿大学设立了研究协调办公室。这就是优生学的时代背景。当然，学术研究并不等于种族歧视，但有时候两者会混淆在一起，令人难以分辨。例如希特勒的"犹太劣等种族论"，根本就不是什么优生学话题，但纳粹在论证其学说时，也会引用优生学的证据，而纳粹的种族灭绝反人类罪行，常常会使优生学本身也被一定程度污名化。肖克利就是在这种背景下加入了对此问题的讨论。

实际上肖克利年轻时就注意到了所谓优生学问题，这在他与前妻的信件中可以看出。当时只有29岁的肖克利就有了"黑人是劣等种族"的看法。所以，肖克利晚年钟情于"种族、智力和优生"问题也就不奇怪了。肖克利冒着损害自己声誉的危险表达了在当时的政治上不受欢迎的观点："种族、智力和优生"对人类种族未来的基因遗传很重要，并认为这是他职业生涯中最为重要的工作之一。肖克利也曾解释他的目的是"应用科学的创造力来解决人类的问题"。

在公众面前，肖克利最早表达他的优生观点是在1963年，当时他到位于美国中部的古斯塔夫斯学院参加一个"诺贝尔科学会堂"举行的诺贝尔奖得主年会。那时世界尚处于冷战和核恐怖时期。在会议举办的记者招待会上，有一名记者问肖克利，核战争发生的概率是多大？肖克利回应说："一半对一半。"然后又推论道：

> 但是如果真有核战争的话，人类将至少不得不开始控制自己的遗传。我认为文明世界现在的环境是反进化的。很多能干的人实行了节育而使家庭人口很少。如果真的有一场核战发生，那将会有很多的遗传遭到毁灭，以致人类将不得不被强制计划生育，是的，即等同于"控制繁殖"。如果我们现在就开始明智的人口质量评估，那将使核战带

来的被动更少。

之后，1965年1月古斯塔夫斯学院继续举办的"诺贝尔科学会堂"年会的主题是"遗传与人类的未来"。肖克利是受邀发表演讲的三位诺贝尔获奖者之一。他声称这次会议是"他一生的转折点"。

演讲中，肖克利认为对人类最具威胁的三个问题是：核战争、饥荒和人类的遗传退化。关于第三个问题是他演讲的重点。他说目前生殖最多的那些人是最缺少智力的，而智力本身很大程度上是由遗传而得。他列举了老鼠智力遗传的实验来支持自己的观点。最后总结道：

> 没有理由怀疑遗传规律对人的智力和情感遗传也适用。

肖克利称自己并不是遗传学家，但作为数理科学家，他认为可以应用统计学来分析人类行为和生物研究状况。他提倡对智力上的"劣等人"实施绝育，以防止"劣质基因"扩散。

科学界和社会公众对此反应很迅速。除报纸上大量口诛笔伐的文章外，科学界也出现了激烈的反对之声。例如斯坦福大学的一批遗传学家联合签名反对他的主张，其中包括1958年因遗传学研究获得诺贝尔奖的莱德伯格。他们发表公开信予以激烈驳斥，认为肖克利的解决办法是"极权主义"的"伪科学"。

肖克利就这封公开信对自己的观点进行了辩解，称自己并无"种族歧视"或"种族主义"的嫌疑，无非是按照科学研究的方式方法对优生学问题进行了一些讨论而已。同时还抓住公开信中对他的"伪科学"指责进行了反击，认为自己完全采用的是科学方法，如果说这就是"伪科学"，那么请对方不妨具体说明一下，到底什么地方是"伪"？这封信让斯坦福大学的遗传学家们意识到了肖克利的顽固和坚持力，他并不是个容易打倒的靶子。

在1966年10月的一次美国科学院大会上，肖克利还专门就此问题作了报告。他公开呼吁科学院和其他国立科学组织克服对"种族主义"观念的忌惮，要求科学家来研究遗传在美国的贫民中到底有什么影响。他指出：

> 我不能心安理得地绕开这一挑战，而且我有更大的义务面对它……

会后，美国科学院院长专门指派了一个遗传学家委员会去研究肖克利提出的问题。其理由是用理性明智的研究去消除社会可能存在的误解：

> 在当时的社会环境中对社会争论点有一种压倒性的强烈感情——我们正试图在平等的机会里寻找出路——那就意味着不可能进行明智的研究……那将不仅仅是误解。

但在当时那种各式社会抗议活动此起彼伏的环境下，想要理性探讨"种族和智力遗传"这个本来就富有争议的问题，或者把其作为一个纯粹的学术问题来处理，几乎是不可能的。肖克利的反对者们不但围攻他，而且也试图限制和剥夺他说话的权利。为此他已经被扣上了"纳粹"和种族主义者的帽子。

肖克利本人却一直坚持自己的观点。从 1970 年开始，他不但在斯坦福大学建立了"人类遗传素质研究基金"，而且还设计了"关于减少环境遗传的不确定性以及人种和种族遗传的方法"研究项目。1971 年，肖克利接连在《教育研究评论》杂志上发表数篇文章，一方面批评一些有关环境决定智力遗传的观点，另一方面继续宣扬自己以及其他研究者所得到的关于黑人与白人之间存在所谓 15 点智商差异等论点。肖克利曾在论文中介绍自己所从事的主要研究领域时，列举了三个，前两个是"科学思维的脑力工具研究""人类素质统计研究"，最后一个才是"电磁理论研究"。这说明肖克利对物理学之外的优生学非常看重。

在社会反应方面，肖克利遭遇了多次攻击。例如在 1972 年 1 月，有十几名青年人闯入肖克利正在上课的教室，对他进行围攻。还有一次是在 1972 年 2 月，一群青年学生烧了肖克利的肖像，并砸了他的汽车。诸如此类的攻击，在一段时间内几乎成了肖克利的家常便饭。但在重压之下，争强好胜的肖克利仍然并不屈服。他认为自己强调的是人群遗传，不是仅仅针对特定种族的遗传，对那些智力优秀的美国黑人，他认为也值得积极鼓励其生育，保持优势智力因素的增长。

1978 年，美国一位支持智力遗传说的富翁罗伯特·格雷厄姆，在南加州建立了一座"精子选配库"（被媒体称为"诺贝尔奖得主精子银行"），为那些不能或不愿被其丈夫受孕的妇女提供精子。但响应捐精者寥寥，当时在加利福尼亚州的 12 位诺奖获得者中仅有一位捐献了精液，这个人就是肖克利。这件事立刻被媒体大肆渲染，并在反对者之中又激起了一轮更强烈的反应。1981 年 7 月，一个名叫罗杰·威瑟斯庞的美国黑人作家把肖克利号召志愿绝育程序的想法比作纳粹对待犹太人的实验。他说，肖克利告诉他，肖克利对纳粹实验唯一的反对是实验的目标对准了犹太人。威瑟斯庞的这篇报道文章被各种报纸广泛转载。肖克利认为威瑟斯庞完全歪曲了自己的观点和做法，他对此十分愤怒，觉得受到了极大的侮辱。于是，生平第一次打了官司，以诽谤罪起诉罗杰·威瑟斯庞。这件案子在亚特兰大花费了三年之久进行审讯，直到 1984 年 9 月，陪审团最后裁定威瑟斯庞的确诽谤了肖克利，法庭判决威瑟斯庞赔偿一美元作为伤害补偿。对此赔偿结果肖克利表示非常震惊和不理解，而他的律师则称之为"辉煌的胜利"，因为这个案子在很大程度上为肖克利挽回了一些名誉上的损失。

## 四、结语

肖克利作为杰出的物理学家，曾经站在科学创新和技术创新的最前沿，不但推动了知识的深化，也开创了一个范围极其广泛、影响非常深远的科学应用场景，这就是他在晶体管发明中的贡献。他不仅认识到晶体管能够取代真空管、充当电子开关，而且认识到晶体管将开辟电子学新应用领域，是计算机的"理想的神经细胞"。这的确是肖克利的远见。

正如有评论者所说的那样："肖克利是一个笃信简化方法的人。"正是在简化方法的指引下，肖克利取得了科学上一个又一个突破，不仅发明了结型晶体管、场效应晶体管，而且还制造了集成电路的雏形——四层结构二极管。

肖克利虽是个科学上的天才，却不是一个成功的管理者。从贝尔实验室固体物理组的分裂到肖克利半导体实验室的破裂，肖克利管理才能的缺失是有目共睹的。他自幼受到好莱坞文化影响，乐于到处表现自己的性格，但这也成了他人很难容忍的缺点。多疑、敏感的性格特点和独断霸道的作风是阻碍他成功管理的绊脚石。

出于对人类未来的关心，肖克利一头扎进了他并不熟悉的领域——优生学，希望能够借科学之力找到人类未来的希望之路。在这条路上肖克利受到众多非难。一是"纳粹优生学"的影响，在"纳粹"祸害刚刚消散的时代氛围中，肖克利倡导的优生无疑是刺眼的和容易遭到反对的。二是时代的影响，当时美国正处于黑人民权运动的高峰时期，人们对涉及黑人的问题避之尤为不及，更何况去直陈令他们愤怒的近似于侮辱的缺陷呢？从肖克利性格上看，对认定目标的执着追求之顽强，也使人们对他敬而远之。

当然，肖克利是一位科学的笃信者，相信科学之力可以解决一切问题。这既是他不懈奋斗的动力之源，也是他一生幸运与不幸之源。

（作者：刘树勇　王晓义）

# 冯·卡门
## 航空航天中的乘风扶摇者

西奥多·冯·卡门
(Theodore von Kármán, 1881—1963)

1963年2月18日上午,白宫玫瑰园里贵客云集。美国第一枚"国家科学奖章"的颁发仪式将在这里举行。这一崇高荣誉的获得者就是现代航空大师西奥多·冯·卡门。

八旬高龄的冯·卡门由于患有严重的关节炎,在走下台阶时显得步履艰难。年轻的美国总统赶忙上前搀扶住他。老人抬头报以感激之情。然而,他轻轻摆脱了总统伸出的手,淡然一笑道:

  总统先生,下坡而行者毋需搀助,唯独举足高攀者才求一臂之力。

这是冯·卡门逝世之前两个半月的事情。一枚最高勋章与一句含义双关的俏皮话,大致可以勾画他的整个生涯:勋章标志着他在科技事业上所建立的功勋,而俏皮话则刻画了他丰姿多彩的个性。

文艺复兴时代是"一个需要巨人而且产生了巨人——在思维能力、热情和性格方面,在多才多艺和学识渊博方面的巨人的时代"。20世纪科学技术突飞猛进,使得这样的巨人几近灭迹。因而,像冯·卡门那样同时涉足理论和应用科学,在航天技术中乘风扶摇、大展方略的科学家,在20世纪属于凤毛麟角之列。

## 一、初露才智的匈牙利青年

19世纪中叶，匈牙利还附属于奥匈帝国。一个裁缝店老板的儿子，名叫莫里斯·卡门，从维也纳大学留学回国后，成了布达佩斯大学的教育学教授。他把毕生精力献给了中学改革事业。由于在教育事业上成绩卓著，莫里斯受到了皇帝的爵封。从此，他的家庭就增添了一个封姓——"冯"。

这时，莫里斯已是四子一女的父亲。他的第三个儿子就是西奥多·冯·卡门。当他1881年5月11日降生于世时，他的父亲已经当上了匈牙利国家教育局的秘书长。不过，他的这个儿子并没有靠着爵位的荫庇登上仕途，却成了一个举世闻名的大科学家。

儿童时代的西奥多就显露出数学天赋。当他6岁的时候，便能在很多客人面前用不到一分钟的时间心算出六位与五位数字的乘法。不久以后，他还通过自学完全掌握了百分比的运算。这个小孩的数学天赋着实使父亲感到惊奇，莫里斯从全面教育出发，不得不采取措施抑制西奥多在数学方面的智力发展，让他多学人文科学知识。

9岁那年，西奥多进入了明达中学。这所后来被誉为"名人摇篮"的中学，是他父亲教育改革的活样板。它培育出了许多著名人士，其中包括1943年诺贝尔化学奖获得者海韦西。

在明达中学，师生关系融洽，充满民主气息。那儿没有生硬的教育，传授知识采用形象生动、循循善诱的方式。教师先把学生的注意力引向他们熟悉的周围世界，然后启发他们从中可以得到什么结论，最后概括总结出书本上记载着的那些定律。这样的教育程式不仅使西奥多懂得了科学规律是怎样得来的，而且还使他懂得了如何去讲授他所获得的知识。

西奥多在父亲的启发下，从小就培养了探索自然奥秘的好奇心。8岁时他就能讲出行星运行的图像。"为什么落下的雨点有大有小？""空气为什么看不见？"面对西奥多的疑问，他的父亲说："人不仅有视觉，而且还有思想，这是人与动物最重要的差别。"法国大数学家庞加莱的名著《科学与假设》也曾经深深地吸引了这个中学生，他知道了世界远比我们看到的要复杂。因而，西奥多不仅细心察视周围世界，而且思索着自然现象的谜底。

17岁的西奥多是个身材修长、不拘衣着的青年，长着一双忧郁的眼睛。他作为一个中学优等生进入了约瑟夫皇家工艺大学。这所大学是当时匈牙利唯一的工科大学，但水平一般，大部分教师都很平庸。

工科大学的学习偏重于机械设计和绘图。但是，一个偶然的机会使西奥多开阔了眼界。他发现有一种引擎在运转到某一速度时便会颤动起来，发出很大的噪声。经过仔细观察和思索，他发觉原来是阀门的开关与引擎的转速之间产生了共振。过去良好的数学训练发挥了威力，西奥多很快把这一现象提炼成一个数学问题，并且提出了圆满的解决办法。西奥多带着自己的工作成果去请教从事机械学研究的彭基教授。教授给予很高的评价，并且热情地把他的文章收集在一本集子里。

首次成功大大鼓舞了这个年轻的一年级大学生。他突然发现自己具有理论分析的才能，感到自己将来不应该当一个仅仅应用已有知识的工程师，而应该成为一个真正的科学家，从事基本问题的研究，去发现新的自然规律。

大学毕业以后，西奥多在军队中服役一年。其后，他当了彭基教授的助教。三年助教生涯使他从彭基教授那儿学到了很多实际应用知识。但是，他的雄心壮志却在基本现象的探索方面。200多年前，瑞士著名的天文学家和数学家欧拉，已经解决了"弹性平衡的失稳问题"，即通常所谓的"欧拉压杆问题"。可是，在工程问题中，把压杆看作一个完全弹性体，这是一种粗糙的近似。西奥多决定攻钻这一难题。

经过一段时间的艰苦探索，他采用复杂的数学方法，基本上解决了这一问题。这一成功在他的大学同事中引起了很大的震动，人们认为他是一个前程远大的青年。

"欲穷千里目，更上一层楼。"25岁的西奥多争取到了匈牙利科学院的奖学金，来到了当时世界科学的一大圣地——哥廷根。

## 二、在哥廷根打下根底

哥廷根是德国中部的一座小城。20世纪初，它的人口不过两万人。然而这是一座学院城，它在近代科学文明中颇有名望。

古老的建筑、媚人的花园、幽曲的街巷，一派静穆的庄严气氛。中世纪的墙垣环抱着一片浓郁的林荫，哥廷根大学的哥特式建筑镶嵌其间，尖塔形的屋顶具有浓烈的教堂风味。

哥廷根大学是1734年创建的一所古老的普鲁士大学，当时是世界理论科学的中心。自由独立的教学和研究氛围，孕育了许多杰出的科学家：数学大师高斯、黎曼、希尔伯特和克莱因，以及量子理论的奠基人普朗克等。

哥廷根也是近代流体力学的发祥地。那时被誉为"空气动力学之父"的路德维希·普朗特正在那儿主持工作。普朗特也是学工程出身。他主张必须搞清工程问题背后的物理现象，把理论与设计结合起来。他十分注意怎样从复杂的工程问题中抽出基本的物理过程，再用简化的数学方法加以分析。这与冯·卡门的想法十分契合。

在普朗特的指导下，卡门利用那儿良好的实验条件，对于非弹性杆的弯曲现象作了一系列研究，这方面的工作成为以后飞机结构设计和建筑设计的重要依据。1908年，在通过了博士学位的答辩之后，卡门顺从父意，决定去巴黎考察，因为莫里斯向来十分钦佩法国的思想家和哲学家。

一天晚上，在巴黎的咖啡馆里，女友告诉他一个消息："明早五点，在郊外将要举行欧洲第一次两公里的飞行表演。"这次激动人心的表演给冯·卡门留下了深刻印象。航空飞行的壮丽事业打动了他的心。刚好不久之后，从哥廷根寄来了聘请信，普朗特要他回去担任实验室的助手，参加哥廷根第一个风洞的筹建和"齐波林"（一种飞艇的名字）的设计。他愉快地接受了这一邀请，从此开始了航空科学家的生涯。

哥廷根风洞是为齐波林的设计服务的，卡门协助普朗特完成了德国第一批空气动力学实验，同时，他还担任了力学课程的试用教员。

这一时期对于冯·卡门来说是十分珍贵的,当时,一批科学名星云集于哥廷根。具有天才组织能力的克莱因主持了一系列讨论会,爱因斯坦、希尔伯特、闵可夫斯基、洛伦兹等这样一些著名学者经常出席。讨论会是最新科学思想的传送带,敏捷的思维、丰富的想象以及创造激情,吸引了很多年轻科学家。卡门置身于这批科学大师之间,眼界大开。以后他之所以能在航天技术的广阔领域中作出许多贡献,同这一阶段打下的广博基础大有关系。

尤其是希尔伯特与克莱因这两位各有所长的数学大师,对卡门产生了深刻影响。纯粹数学家希尔伯特用他特有的数学技巧解决了一些重大的物理理论问题。这使卡门确信数学是自然规律的要素,他在以后运用数学工具解决工程问题上的能力高人一筹,同这一阶段所受的熏陶有关。

作为应用数学家的克莱因,主张数学应当和工程相结合,他首次开设了应用数学和应用力学讲座,还在哥廷根主持筹建了天文、机械和光学等研究所。在他的领导下,理论科学的圣地哥廷根同样成了世界工程技术的发祥地。由于受到克莱因的强烈影响,卡门要把科学和工程融合起来的信念更加坚定起来,这一信念成为他日后行动的准则。

这时,在卡门变化多端的科学生涯中,出现了一段小插曲。

20 世纪初叶乃是物理学的革命时期。放射性的发现揭开了原子奥秘的帷幕,微观世界的探索成了哥廷根科学大师们的主要话题。有一次,希尔伯特作了一个有关固体原子结构的报告。这个引人入胜的新领域立即使得冯·卡门产生了浓厚的兴趣。于是，他和当时还是青年物理学家的玻恩进行了一段时期的合作。

要使物体的温度升高一度，就要给它一定的热量，物理学家把这一量值叫作比热。按照以前的经典理论，物体的比热不随温度改变。可是，那时新的实验表明，在低温下，固体的比热很快趋向于零。1906年，爱因斯坦曾经把他创立的光量子学说应用于这一问题，但是在极低温度下，结果不甚满意。1912年，当他把全部精力转向引力问题的时候，玻恩和卡门的合作研究却取得了决定性的突破。他们看出爱因斯坦工作的缺陷在于仅仅考虑了单个原子的振动，而实际上必须考虑固体原子之间的相互作用。他们提出了现在称之为"晶格"的固体结构假设，从而得到了与实验结果相符的比热公式。

然而，就在他们取得这一成功的同时，瑞士苏黎世的一位物理学家德拜采用更为简单的模型解决了这一难题，他的论文比玻恩和卡门的论文早发表几个星期，因而，玻恩和卡门没有获得"首创权"。

卡门对原子结构同样也有过不少正确的设想。但是，又被著名丹麦物理学家玻尔捷足先登，首先创立了完备的原子模型。两次延误时机之后，卡门便把全部精力投入流体力学的研究。

在科学研究中，机遇往往属于那些洞察力非凡的人们。1911年到1912年期间，卡门的老师普朗特正在研究边界层分离现象。他让一个名叫西门子的研究生设计了一个水槽，用来观察圆柱体后面的分离现象，但出乎意料地发现水槽里的水流不断发生摆动。普朗特对于这一现象并不介意,他把原因归结为圆柱不够圆,或者水槽做得不对称。但是,不论如何调整实验装置,依然消除不了这种摆动。

卡门思想敏捷,善于洞察事物本质。当他知道这一现象之后,立即加以深究。实验表明,流水在圆柱后形成两排交叉的涡旋。于是卡门进行了数学分析,从理论上证明只有交叉排列的涡旋才是稳定的。他在三个星期内完成了两篇出色的论文,成为流体力学中一次重大发现的标志。

流体流经一个障碍物,便会在它后面留下两排交叉的涡旋,这一现象早已被人注意。人们发现,早在意大利的一幅著名宗教画中,画家也画下了这种涡旋。一个名叫贝尔纳的法国科学家,亦做过很多实验研究。但是,卡门抓住了这个使自己的名字永载史册的机会,第一次从理论角度阐明了这一现象。由于这两排交叉的涡旋好像是大街两旁的两排路灯,于是,人们把这一现象叫作"卡门涡街"。

风吹高压输电线发出嗡嗡声响,潜望镜可能产生激烈振动,飞行器受到阻力,等等,这些自然现象都是由于"卡门涡街"的结果。当时还发生过一个惊心动魄的事件。美国华盛顿州有一座横跨塔科马海峡的大桥,它是一位著名建筑师的美学杰作。1940年11月7日,狂风大作,在强烈的"卡门涡街"作用下,这一别出心裁的建筑物发出了急剧的扭曲振动,最终在不到一个小时内崩塌殆尽。从此,"卡门涡街"成为建筑设计必须考虑的重要因素。

### 三、亚琛工业大学的名教授

冯·卡门在哥廷根取得了出色的成就，可他仍然是一个"试用教员"。曾有一个英国女学生好奇地问卡门：

试用教员是一种什么职位？

卡门带着他特有的幽默回答道：

试用教员照样给学生开课。不过，他永远不可能成为教授，除非他同教授的女儿结了婚。

的确，在当时的德国，科学宝座往往是丈人传给女婿，而不是父亲传给儿子。卡门眼看前程渺茫，于是四年之后，他回匈牙利应聘当上了一家矿业学院的教授。可是，他所任职的这所矿业学院既无实验设备，又无好的学风。待了没多久，在克莱因的推荐下，冯·卡门又一次跳槽来到亚琛工业大学。

亚琛位于德国西部边境，是一座具有悠久历史的文化古城。在卡门的主持下，航空系的实验室和风洞作了改建。不久，第一次世界大战爆发。他被奥匈帝国的炮兵召回服役四年。战后，他在匈牙利苏维埃共和国的教育部中当了一段时期的大学副部长。政局的多变使他感到厌烦，他终于又回到了亚琛，开始了长达十多年的教授生涯。

这个不修边幅的青年教授，经常穿着一件沾有粉笔灰的背心，裤子也不烫便跨进教室。但是，他语言生动，讲解透彻，富有想象力，教学效果极其出色。

卡门的讲课取得成功，并无特殊诀窍。他认为，首先是教员本人要把讲解的课题搞得一清二楚，然后根据学生的平均水平进行讲解。他主张采用简单直观的方式讲解问题，略去次要的细节，抓住问题的本质，从复杂的问题中抽出事物的要素，这是他一贯的风格。另外，在讲课中，他往往采用形象的比拟和直观的图解，选择人们常见的现象作为例子，从而使课堂充满生气。有时，这位爱出风头的教授采用魔术师的手法，先是有意使自己掉入数学陷阱，然后巧妙地把自己解救出来。在他的手中，数学方程式犹如木偶一般，在学生面前栩栩如生。

当时的德国，教授颇为威严，师生之间往往隔着一条鸿沟。可是，卡门却豁达大度，作风随和，他与同事和学生打成一片。他认为教授与学生之间只有贡献和学历上的差别，但没有贵贱之分。他认为教学相长，教学不仅培养了人才，而且教师也会受到学生的启发，在讲授中深化自己的知识。当他在教室中看到学生由于领会了新的知识而现出光彩焕发的神情时，心中感到无比的欢快。

卡门决无学究气息。在这一时期，他一边教学，一边兼任企业部门的顾问，收入日益丰厚。有一次，一个小工厂的老板来求教于卡门教授。原来他厂里有一台机器处于快要振坏的危险中。卡门很快找出了毛病，建议把齿轮转过90度。机器果然停止了振动，工厂老板高兴得眉开眼笑。可是几天之后，他拿着卡门开出的账单，来向卡门诉苦：

齿轮就这么转了个 90 度，要我付这么多钱？

卡门干脆利落地回答：

那好，你把齿轮转回去，我把账单撕掉。

工厂老板顿时哑口无言。

生活富裕，性格开朗，卡门喜欢过热烈的生活。在他的倡导下，形成了一种自由讨论的民主学风。人们围坐在咖啡馆的桌旁，一起抽烟、下棋、聊天。但是，更重要的是交流学术思想，洁白的桌布上往往写满了数学方程式，许多创造性的观念就是在这种无拘无束的气氛中孕育而成的。

卡门终身未婚，他那宽敞的住宅，成了学术交流的场所。每逢周末，宾客满堂，有教授，也有助手和学生。在这里，人们可以听到不同国家的语言，随着时光的流逝，富有启发的讨论在进行着，而一盘盘糖果和点心，一杯杯饮料和美酒，也就消耗殆尽。

另一种比较正规一点儿的交流方式是每周一次的茶话讨论会。学术动向、工作报告、难题会诊便是主要节目。有一个助手，起初由于怕自己的思想被人"偷走"，不愿讲解自己进行的工作。卡门告诉他：与人交流讨论，只会丰富自己的思想，得到收益。后来，这个助手终于在实践中尝到了甜头。

这时的冯·卡门，已经羽毛丰满，颇享盛名，出任了亚琛空气动力研究所所长。他在 1922 年到 1926 年期间，组织并主持了三次国际应用力学会议。世界各国的许多著名科学家前往参加。这些会议，后来演化为每四年举行一次的"国际理论和应用力学联合会"例会，对于本门学科的发展起了极大的促进作用。

至今仍被人称作流体力学中最大难题的"湍流"问题，在这一时期获得了第一次重大进展。而且有趣的是在这一进展中，普朗特和卡门这一对师生之间展开了友好的竞赛和合作。在 1924 年的会议上，卡门首先提出了"湍流"概念，并初步阐明了它的理论基础。两年之后的会议上，普朗特把气体分子运动论的观点移用于这一问题，大大简化了问题的描述。这一开创性工作吸引了卡门的注意，他从更加普遍的观点分析问题，提出了一种新的理论观念，可是缺乏实验数据。卡门便派人去哥廷根，普朗特把长期积累的实验资料，包括未发表的最新数据无私地告诉了卡门。在 1926 年的第三次国际应用力学会议上，卡门作了题为《湍流中的力学相》的报告，而普朗特只是让人报告了实验新数据。其后，普朗特从另一不同的角度也得到了与卡门一样的结果。湍流理论的这一进展至今仍是工程湍流计算中的重要依据。

这一对师生之间的你追我赶，友好合作，相互促进，成了科学史上的佳话。

## 四、加州理工学院的全盛时期

在美国西海岸的加利福尼亚州，有一个幽美的傍海小城镇——

帕萨迪纳。那儿有一所著名的大学——加州理工学院。那时，著名的物理学家、诺贝尔奖获得者密立根教授担任该校执行委员会主席。他是一位有卓识远见的组织者。在他任职期间，革新建制，广纳贤良，使学院的面貌焕然一新。

1926年，在古根海姆基金会的资助下，学院决定把原来的航空小组扩大为航空研究生院，并兴建一个实验室（简称GALCIT）。开始筹建的实验室需要物色一位能干的主任，卡门无疑成为最合适的人选。这时，具有犹太血统的卡门，一方面在德国已经开始感受到纳粹排犹主义的压力，另一方面，美国学术界欣欣向荣的气氛同他的性格十分投合，终于在1929年底同意出任GALCIT的主任。年近半百的卡门教授在哥廷根和亚琛积累了丰富的教学科研经验，美国学术界的自由气息使他感到如鱼得水，他的灵活机变、善于创造的才能得到了充分施展。在GALCIT这个不大的舞台上，他很快导演了一出举世瞩目的宏伟戏剧。

由于卡门的创导，新的研究机构从一开始就充满活力，在研究工作中勇于探索，具有独创性。根据以往的经验，卡门深深懂得，迅速的学术交流和坦率的民主讨论乃是培育科学创造力并使之开花结果的肥沃土壤。于是，在他的亲自主持下，每周举办一次充分发扬学术民主的研究例会，所有的人都要简短地报告自己的工作进展，大胆提出对于未来工作的设想，同时也坦率地讲出工作中遇到的困难，一起商量解决办法。这种不拘形式的报告会，不仅活跃了学术氛围，而且大大开阔了思路，激发了创造热情。

卡门的到任，还促成了全世界著名学者的经常来访，为实验室提供了学习新知识的好机会，大大促进了研究工作的进展。1936年，英国著名的流体力学家豪沃思来访，他与卡门合作完成了有关湍流统计理论方面的著名论文。次年，豪沃思的导师戈尔茨坦前来讲学，他在这里完成了《流体力学现代发展》一书的校订。后来，比奥特教授还与卡门合写了《工程中的数学方法》这一名著。许多学者还把他们的得意门生推荐到帕萨迪纳，曾任 GALCIT 主任的李普曼，就是 1939 年由他的老师推荐来的。

由于卡门的影响，GALCIT 形成了不拘礼仪、融洽和谐的师生关系。上课从不点名，老师鼓励学生提问打岔。但是卡门对于学生的要求却认真严格，他经常亲自主持口试，毫不含糊，不过最后记分总是宽大的。在这种活泼紧张的气氛下，人人心情舒畅，奋力前进。

在主持 GALCIT 工作期间，卡门以往那种把理论研究同工程技术密切结合起来的主张得到了极好的贯彻。当时美国的航空工程和其他工业一样，正处于蓬勃发展的阶段。工程师经常来到 GALCIT 登门求教。卡门及其同事们全都热忱地欢迎这种接触，因为这不仅丰富了实验室的研究计划，而且也开辟了研究经费的来源。

在这一时期，GALCIT 解决了大量工程实际问题。卡门自己的工作领域也比以往更加广阔。他不仅解决了飞行技术中的许多关键问题，而且也解决了水坝裂缝和风磨发电的工程设计。甚至他还参加了海尔天文台的大型反光望远镜的建设，建议用油膜作为衬垫，解决了转动润滑问题，使得这个坐落在帕洛马山上重达 425 吨的庞然大物能够蠕动身躯，张开它那直径达 200 英寸的大眼睛，窥视着繁星密布的夜空。

发展科学技术的关键在于人才的培养和使用。以才智出众、独具风格的学科带头人为中心，往往能形成新的学派。发扬学术民主，鼓励自由创造，长期稳定地开展研究，这是科学取得迅速发展的必要条件。1930 年到 1942 年，GALCIT 在卡门领导下硕果累累，桃李满天下。这一机构获得了国际流体力学研究中心和培训基地的声誉，它的出版物几乎统治了整个流体力学领域，卡门指导了两代科学家和工程师，开拓了新领域，为航空技术奠定了扎实的科学基础。他所培养的学生遍布五大洲，其中有些仍是当代宇航事业的主角。

我国著名力学家钱学森，那时也在 CALCIT 工作。20 世纪 30 年代末期，火箭技术还处于摸索阶段。钱学森等五位青年科学家，看到了这一技术的发展远景，成立了一个名曰"火箭俱乐部"的研究小组。这一小组后来成长为著名的加州理工喷气推进实验室，成为火箭喷气技术的一大中心。

这一研究小组在卡门的帮助指导下，研究完成了飞机的火箭助推器。而且，由于卡门的倡导和支持，他们还创建了航天喷气公司。这一公司后来发展成为一大企业——通用航空喷气公司。从此，开辟了喷气式飞机横跨大洋、火箭导弹在空中穿梭的新时期。

## 五、美国空军的智囊人物

1935 年，卡门前往罗马参加了一次国际高速飞行会议。全世界许多著名的空气动力学家齐集一堂，探讨了超声速飞行的可能性。

卡门完全意识到超声速飞行将会展示怎样诱人的前景。于是，他一回到美国便立即前往华盛顿，向政府当局提出建立大型风洞，向高速飞行迈进的建议。但这一开始并未受到政界和军界要员的重视。

而在此期间，德国和意大利则建立了高速大型风洞，大力发展了涡轮喷气技术，试制成功了喷气式飞机。这对于美国的空军，是一个巨大的潜在危险。

这时，一个军界的有识之士看出了发展超声高速飞行技术的紧迫性。他就是美国军用航空公司的首脑——阿诺德将军。这位身材敦实、西点军校出身的军官，以前曾经与卡门讨论过在轰炸机上安装火箭助推器的问题，他对发展喷气飞行技术具有浓厚的兴趣。因而，当卡门向他建议建造四万马力的大风洞时，阿诺德慨然允诺，接着，卡门要求建造一个美国最大的工业风洞的建议也被采纳。后来的事实表明，卡门的智慧与阿诺德将军的胆识相结合，对美国空军的建设起了重要作用。

1944年6月，第二次世界大战临近结束。而卡门由于肠癌动了大手术，正在纽约疗养。一天，他接到阿诺德将军的电话，要他去机场商谈。这次在将军私人小汽车里的秘密会见，也许要载入美国空军建设的史册。阿诺德将军认为美国在战争中无疑将赢得胜利，并且他认为美国的空中威力起了决定作用。因而，他现在关心的是今后的空军建设。他要卡门组织一批专家，制订今后二三十年，甚至五十年的空军发展计划。

阿诺德的打算，正中卡门的下怀。他不久便组织了一个由36个专家组成的科学顾问团，其中有在最前沿工作着的著名空气动力学家，也有雷达专家、电视显像管的发明人、空军技术顾问等。这是一个由既有才干又有远见的一批技术专家组成的智囊团。在第一次会议上，阿诺德将军要求他们进行调查，为了促进美国空中优势的发展，在各个有关的科技领域中都应做好哪些工作。

正当顾问团忙于制订发展计划的时候，第二次世界大战已近尾声。阿诺德将军意识到赶紧把德国的先进军事科学成果和技术专家接收过来是一条可取的捷径。于是卡门被授予"少将"军衔，并率领包括钱学森在内的一批专家乘坐 C-54 飞机，来到了硝烟弥漫的德国。

他们考察了不伦瑞克附近隐蔽在一片松林中的一个德国空军的秘密研究所，它是纳粹头子戈林直接领导的。这个由 56 幢建筑组成的研究机构，设有研究导弹、飞机引擎的成套仪器设备。大战期间有成千人在这里工作。写出的秘密研究报告就有 300 万份，重达 1500 吨。卡门领导的考察团详细地察看了这里的研究设备，审讯了有关研究人员，分析了那里的技术成果。

接着，他们又前往诺德豪森、哥廷根、亚琛和慕尼黑作了调查。德国设在佩内明德的 V-2 火箭基地当时已被苏军解放，因而考察团未能前往。不过那里的 400 名工程师和技术人员已经逃到了慕尼黑，通过对这些人的审讯，考察团才获悉，虽然当时的 V-2 火箭只有 300 千米的射程，但德国已经着手研制一种可达美国纽约的 4800 千米射程的火箭。这一系列考察摸清了德国的火箭导弹技术已经赶在美国的前面。

卡门途经苏联、匈牙利回到美国后，应阿诺德将军的要求，写了一份题为《我们在何处？》的报告。其中把美国和德国在战争期间的科学发展作了比较，并指出美国已有可能研制9600千米射程的导弹，这种导弹可以轰击世界上任何一个目标。

后来，卡门又重返欧洲，还派人去日本搜集了军事科技情报。经过近一年的准备，1945年12月，他向当局递交了一份题为《朝着新水平前进》的报告。报告的引言中写道：

> 第一次世界大战主要由人的力量决定了胜负。科学和技术起了重要的但在某种程度上又是次要的作用。……德国方面人力的完全枯竭是战争失败的主要决定因素。
>
> 第二次世界大战从一开始就带有技术的特点。德军在技术准备上的压倒优势确保了它初期在欧洲大陆的辉煌战果。但是德国空军在战略轰炸上的缺点、德军经验的缺乏以及它在两栖作战准备中的失调，致使它对英国的进攻破产。同盟国势如破竹，特别是美军的空中威力，最终成了德国失败的主要因素。

报告论证了有效的科学组织对武器制造的决定作用，还具体探讨了超声速飞机和火箭的一些技术问题。这篇报告还有一个名为《科学——空中霸权的关键》的附件。

这篇报告对美国当局产生了十分深刻的影响。以后几年内，在卡门的影响下，美国空军逐步建立了许多研究机构。例如，1947年成立了超声速无人驾驶飞机发展中心。1948年还成立了"兰德公司",后来它成为著名的智囊机构。1952年成立了阿诺德工程公司。1957年又成立了以冯·诺伊曼为首的美国原子能委员会。后来,美国国防部还成立了研究计划的高级机构。

科学家的智慧与政治家的胆识结合,开出了异花奇果。到了1957年,阿诺德的计划和卡门的报告已付诸现实。火箭导弹已经大量生产,超音速飞机横越大洋,人造卫星也即将上天……

由于卡门的报告起了如此深远的作用,有人把它誉为"美国空军的蓝图",冯·卡门也成了美国空军的首要智囊人物。许多军事企业家、军界首脑经常出入他的家门。同时他也经常在五角大楼里带着很重的匈牙利口音指点各种各样的技术问题。他也穿着空军服装出入议员和将军们的办公室。由于他在布达佩斯、哥廷根和亚琛这些遥远的智慧之乡成长,受到完全不同于美国军界传统的熏陶,他那特有的才智和风度,以及对自然现象和技术战略的惊人洞察力,使五角大楼的将帅们佩服得五体投地。

## 六、国际航空大师

第二次世界大战的枪炮声刚刚平息,卡门便凭借联合国教科文组织的名义,尝试筹建国际科学合作组织。他几度飞越大西洋去巴黎商谈,还去非洲撒哈拉大沙漠考察。这些努力虽然促成了数次开发沙漠会议的召开,但他向往的国际流体力学研究中心却始终未能建立。

1949年8月,北约组织成立。卡门立即想到:为什么不用北约作为国际科学合作的"试验工厂"呢？经过一段时间的奔波，卡门的主张终于得到最高当局的采纳。他们设立了一个发展航空研究的咨询小组，并在比利时筹建了一个有名的实验室——气动力学训练中心（后改称为冯·卡门中心）。这些对于战后欧洲航空研究的再度复兴起了巨大的推动作用。

20世纪50年代，卡门还主持了在巴黎和哥本哈根召开的两次国际航空会议，并创建了国际宇航科学协会。这个协会还成立了一个附属机构——国际宇航科学院，一度推动了国际宇航事业的发展。

卡门活动的足迹几乎遍布全世界。很难找出一个国家的航空工业未曾同他产生过联系。即使在旧中国，十分脆弱的航空事业也曾受到过他的指点。

1929年，卡门路经中国时，就建议在清华大学开设航空课程。1931年，日本帝国主义侵占中国东北三省，国民党政府迫于全国人民的抗日要求，试图建立一支空军。他们从美国和意大利购买了一批飞机，并且在南昌开办了一所飞机工厂。

清华大学为了培养航空人才，创办了航空系。卡门应清华大学的邀请，派遣他的养子、当时已经成为年轻航空技术专家的沃登道夫来华担任该系的科学顾问。在他的指导下，清华大学航空系的师生在南昌建造了一座大型风洞。

1938年6月，卡门应邀来到了中国。他看到清华大学已经开设了航空系，心里很高兴。他认为中国航空工业的发展首先取决于培养人才。其后，他立即动身前往上海、南昌等地。在南昌，他观看了即将竣工的大型风洞，这一风洞是当时世界上最大的风洞之一。

卡门认为一旦中国摆脱了内外困境，其所拥有的巨大科学潜力必将迸发出来。

卡门的这一良好祝愿，终于在新中国变成了现实。在解放后不久，中国已经自己设计制造了飞机、建立了一支英勇的空军，而且还用强有力的火箭把人造卫星送到了地外空间。而在这番宏伟的事业中，卡门培养的中国学生施展了他们的才能。

卡门在加州理工学院时期，培养了一些出色的中国科学家。他们之中，有大家熟知的钱学森、郭永怀、钱伟长，以及留在美国工作的林家翘等。钱学森领导创建了中国科学院力学研究所，启动了中国的航空航天事业，是"两弹一星"元勋。郭永怀作为力学家也为中国科学和国防事业作出极大贡献，不幸于1968年以身殉职、为国捐躯。钱伟长虽然曾受到不公待遇，但仍然为新中国的科学事业发挥了巨大作用，特别是晚年老骥伏枥，担任上海大学终身校长直至2010年去世。另外还有几位曾在加州理工学院受过教育的第二代专家，后来也在我国各个科研岗位上担任重要角色。

在卡门漫长的科学生涯中，老年似乎降临得特别晚，年过七旬以后，他仍然频繁地周游列国，奔波于巴黎、罗马以及其他欧洲城市之间，或是参加各种会议，或是与学界、军界和企业界的人物商谈。

他的日程表真是令人惊叹：六点起床，七八点钟与来客（少则一人，多则十余人）共进早餐；他口授信函，直到中午，然后浏览一下世界各地寄来的大量书刊论文；以烈性威士忌开始的午餐，往往又是一次业务商谈。当然有时为了欢迎贵客或以前的学生，他会在下午三点午睡，五点起床准备夜间的晚会。他具有一种非凡的能力，在主持其他活动的时候还能进行科学思索，有时他干脆关闭了他的助听器，沉思起来。他常常在聚会中溜走一两个小时，去推导一个方程或拟写一篇论文。有时，他能彻夜不眠，连续工作几十个小时，在那烟雾缭绕的房间里，饮着一杯杯烈酒，完成他那深奥的论著。

要说思想品性，他并非完美无瑕，随着他的名声像火箭一样扶摇直上，他的虚荣心也与日俱增。尤其是到了晚年，他简直感到离不开人们对他的颂扬。但是他并不专横，也不老朽。70岁时，他还集中精力钻研了一门生疏的学科——燃烧学，并在法国索尔本大学讲授这门学问。他把燃烧化学与流体力学结合起来，奠定了近代燃烧理论的基础。

1963年的白宫授勋仪式之后，冯·卡门立即飞往巴黎，而后回到亚琛进行温泉疗养。但是，在浴池里，一阵咳嗽突然发作，所有抢救不再有效。这位老人的心脏过于衰竭，他在82岁寿辰的前五天辞别了人间。几天之后，他被运回帕萨迪纳，并在好莱坞公墓下葬。这位一代世界流体力学的风流人物，终于结束了他那带有传奇色彩的一生。然而，在日益增多的飞行物体上，仍然铭刻着他征服风神的宏伟业绩。

（作者：赵国英　朱保如）

# 雅科夫列夫

## 苏联传奇飞机设计师

亚历山大·谢尔盖耶维奇·雅科夫列夫
(Александр Сергеевич Яковлев, 1906—1989)

亚历山大·谢尔盖耶维奇·雅科夫列夫是苏联最有影响的优秀飞机设计师之一。仅在第二次世界大战期间，他所设计的歼击机生产出来用于作战的就有 36000 架之多，占当时苏联歼击机产量的三分之二，为苏军取得制空权打败德国法西斯军队立下了汗马功劳。他设计的于 1943 年投产的"雅克 –3""雅克 –9"歼击机的主要性能明显优于当时德、英、美、日等国的同类飞机，并取得了辉煌战果。二战结束后，由于分工的调整，雅科夫列夫的飞机设计工作显得不如阿尔乔姆·伊万诺维奇·米高扬（1905—1970）等人的那么引人注目，但实际上他仍然完成了大量令人赞叹的开创性工作。本文重现了这段被人遗忘或忽视的历史。

## 一、中学生设计师

1906 年 3 月 19 日，亚历山大·谢尔盖耶维奇·雅科夫列夫出生在莫斯科的一个普通职员家庭。他的曾祖父是伏尔加河沿岸的一个农民，祖父在莫斯科开了一家蜡烛店，父亲在一家商行做职员。9 岁时，雅科夫列夫考入了一家私立中学。一开始，他最酷爱的是历史、地理和文学，曾是学生文史杂志的编辑和话剧组的成员。但他对技术也一直很感兴趣，小时候常把车辆等玩具拆坏，研究里面的构造。11 岁时，他读完了 19 世纪法国著名科幻作家儒勒·凡尔纳的全部作品后，更激起了他对技术的极大兴趣。当时为了能够多读点儿书，小雅科夫列夫经常先假装睡觉，等家长们都入睡后，再悄悄起来，打开电灯看书，并且一看就看到凌晨三四点钟。

十月革命后，雅科夫列夫所在的私立中学与一所女子中学合并为公立学校。此时他除了学习，还劲头十足地参加社会活动，并被选为学生会主席。在毕业前夕，航空又成了他最入迷的事情。

原来，当时的苏联开展了全民性的支援航空建设事业的活动，成立了航空之友协会，会员发展到上百万人。雅科夫列夫带头组织了"少年航空之友"支部，成立了航空模型制造小组。他们做出来的第一架模型虽然只飞了15米远，但大家却高兴万分，激发了更大的"航空热"。

1923年夏天，刚从九年制中学毕业的雅科夫列夫听说当年11月将在克里木举行首次滑翔机竞赛，就直接找到了竞赛的组织者、飞行员兼设计师阿尔采乌洛夫，要求作为研制滑翔机的助手。不过，他们设计制作的外号叫"蛮猴"的飞机却存在许多设计上的问题，试飞时，没有飞出去多远就摔坏了。

但雅科夫列夫却通过这次参赛，看到了其他参赛飞机的表演。这使他产生了自己设计一架真正滑翔机的想法，尽管当时他只是一个17岁的中学毕业生。他知道，这需要人指教。于是，他找到了刚刚结识不久的空军学院的学员谢尔盖·弗拉基米罗维奇·伊留申。

雅科夫列夫算是找对人了。伊留申为人热情，又极负才华，他后来设计的"伊尔-2"强击机为苏联卫国战争的胜利立下赫赫战功。伊留申不仅为雅科夫列夫指定了必读的专业书籍，还把自己的飞机结构和强度计算课笔记借给他阅读，并帮助他解决在设计和计算中遇到的问题。

为了制造自己设计的滑翔机，雅科夫列夫回到母校寻求帮助。十几个同学加入了制造滑翔机的小组。几个月之后，飞机终于造出来了，经过专门委员会的检查，雅科夫列夫和他的小组被获准参加第二届滑翔机竞赛。在竞赛过程中，驾驶员对雅科夫列夫飞机的飞行性能很满意。人们公认这架飞机的结构是成功的，雅科夫列夫也获得了200卢布的奖励。这实际上成为他飞机设计师生涯的起点。

雅科夫列夫深知，要成为真正的设计师必须接受正规教育。当时要进入茹科夫斯基空军工程学院学习，必须具备在红军服役的经历。为此，雅科夫列夫放弃了许多升学和就业的机会，并在伊留申的帮助下，先进入空军工程学院教学修理工厂工作一年多，才达到调到机场飞行支队当机械兵的目的。

在飞行支队服役期间，雅科夫列夫在业余时间里也没有闲着。他开始设计一种装置小型发动机的运动飞机。不到一年时间，他就完成全部设计和计算，并且很快就得到了苏联国防航空化学建设后援会技术委员会的批准，同时还得到制造这架飞机的拨款。

8个月后的1927年5月，这架轻型双座飞机"阿伊尔-1"制造完毕，并且顺利完成了飞行试验。6月份，"阿伊尔-1"完成了从塞瓦斯托波尔直达莫斯科的飞行，创造了体育运动飞机的两项世界纪录：不着陆飞行1420公里以及续航时间15小时30分。为此，身为机械兵的雅科夫列夫获得了奖金和奖状，并终于被接纳为空军工程学院的学员,实现了他多年的夙愿。

在空军学院学习期间,雅科夫列夫顺利地完成了各门课程,并不断设计出新的轻型飞机。在学习的第一年,他设计了装置80马力"西门子"发动机的带浮筒飞机,可以在莫斯科河起降。第二年,他又完成了"阿伊尔-3"和"阿伊尔-4"的设计。其中"阿伊尔-3"是一架安装了60马力"瓦尔特"发动机的单翼双座飞机。该机创下了双座小功率飞机的两项世界纪录:1750公里不着陆航程纪录和每小时170公里的长距离平均速度纪录。

## 二、从"地下工厂"起家的设计局

1931年,25岁的雅科夫列夫从空军学院毕业,被分配到缅任斯基工厂工作。该工厂是当时苏联仅有的两个大型飞机设计中心之一即中央设计局的一部分。另一个大型设计中心是由安德列·尼古拉耶维奇·图波列夫领导的中央空气流体动力学研究院设计局。前者研制轻型飞机,主要是歼击机、侦察机和强击机,后者侧重研制重型飞机,主要是轰炸机、运输机和客机。

当时中央设计局的情况有些复杂。雅科夫列夫拒绝去设计组,而要求从事车间工艺师的工作。这一选择使他很快熟悉了飞机制造的工艺流程,对他后来提高飞机设计的工艺性极有益处。在此期间,雅科夫列夫也没有停止业余时间的飞机设计工作。由于已有的成绩使他已深得苏联国防航空化学建设后援会的信任,并继续得到相关的制造费用,因此他无须取得工厂负责人的认可便可开展业余设计工作。在雅科夫列夫热情的感召下,一些年轻工程师和工人也利用业余时间参加了研制工作。由于这些事是"半地下"进行的，直到他们的样机拖到机场时，别人才知道他们的工作。

在此后的二三年时间，雅科夫列夫接连设计制造出了"阿伊尔–5"等三种飞机。"阿伊尔–5"为一种三座飞机，使用的是苏联生产的100马力发动机，后来顺利投产，生产了约1000架，多作为联络飞机。其中两种单翼飞机的成功，使雅科夫列夫确信单翼飞机比双翼飞机有明显的速度优势，由此他的目光开始转向歼击机。

当时他所在的中央设计局的设计师格里戈罗维奇和波里卡尔波夫刚刚研制成功480马力的"伊–5"单座双翼歼击机，最大速度已达到每小时280公里，机动性极好，具有世界一流水平。然而雅科夫列夫经过反复对比计算，使用同样480马力的"埃姆–22"发动机，他设计的单翼双座飞机的时速可望达到320公里。经过认证，苏联国防航空化学建设后援会决定再次给予经费支持。

1932年夏末，当"阿伊尔–7"这种新型飞机组装完成并拖到机场时，全厂为之震动，连厂长都不知道有这样一架飞机！这时，设计局的负责人已经意识到，雅科夫列夫是一名危险的竞争者，他的业余工作成果已对工厂计划内成绩构成重大威胁。

经过试飞，"阿伊尔–7"飞机的时速达到了330公里，成为苏联当时速度最快的飞机。这立即引起了空军指挥机关的注意，要求观看试飞情况。然而这一次出现了意外，机翼上的一块副翼在飞行中脱落了，飞机被迫强行降落在一块很狭小的货场内，好在没有机毁人亡。

这种事故在新型飞机的试制和试验过程中是很难避免的，而且适当增加副翼的强度就能弥补已有缺陷。然而，对于设计局某些领导来说，却是打击雅科夫列夫的大好机会！于是，他们派来了一个委员会调查这次事故，结论竟是"禁止雅科夫列夫从事设计工作"。

一开始，雅科夫列夫的设计小组被赶到一家小工厂仓库的一角，后来又被勒令离开厂区。无奈之下，雅科夫列夫向《真理报》和当时的监委主席鲁祖塔克做了申诉。由于后者在经过仔细调查后的干预，当时航空工业总局的局长给设计小组提供了一块场地——一个生产铁床的工厂的半间破旧房屋。后来，在《真理报》的舆论干预下，整个铁床工厂都划归给雅科夫列夫，设计小组有了自己的实验工厂，他们的日子才开始好过起来。

在这里，他们设计并试制出了"阿伊尔-9"等5种新飞机，其中"乌特-2"双座教练机在第一次飞行时最大时速就达到了210公里。这种飞机从1936年一直生产到1946年，累计产量达到7000多架。由于"乌特-2"飞机在1935年航空运动表演中的突出表现，斯大林首次注意到并接见了雅科夫列夫。在雅科夫列夫以后的设计师生涯中，斯大林曾给以他极大的信任和支持。

## 三、第二次世界大战前的奋起直追

1933年到1936年间，在苏联政府"飞得最高最远和最快"的号召下，航空技术有了相当快的进步。重获自由的波里卡尔波夫相继设计出最大时速为360公里、机动性好的双翼歼击机"伊-15"和时速460公里、起落架可收放的单翼歼击机"伊-16"。而此时已独立出来的图波列夫设计局则成功地设计出"斯勃"快速轰炸机和装 8 台发动机的巨型飞机"安特 –20"，还研制出高速远程轰炸机"德勃 –3"。这些成就给苏联空军领导人和一些设计师造成了某种错觉：认为苏联的航空技术已处于世界领先地位。

1936 年西班牙内战爆发了。在战争初期，苏联援助的"伊 –15"和"伊 –16"歼击机遇到的是德国的"梅 –109"歼击机，后者装的是 610 马力发动机，时速不超过 470 公里，与苏联飞机相近，但机动性略有不足，因此德国人未能占到什么便宜。这种情况愈发助长了苏联空军领导人的盲目乐观情绪。

但此时的德国人却在拼命追赶。他们根据初期西班牙空战的教训，彻底改进了"梅 –109"飞机：换装了 1100 马力的"戴姆勒·本茨 –601"发动机，将飞行时速提高到 570 公里；换装了 20 毫米口径的大威力机炮。这样德国歼击机对苏联歼击机就取得了绝对优势，并在后来的空战中打得苏联飞行员措手不及。

第一架"梅 –109"飞机是后来名声赫赫的德国设计师威廉·梅塞施密特在 1935 年设计出来的。当时的德国空军部副部长埃尔哈德·米尔希与梅塞施密特不和，就对该机持否定态度。但是该机在西班牙的表现使其投入了批量生产，它的各种改型成为第二次世界大战期间德国歼击机的主力。"梅 –109E"这种型号飞机在 1940 年英吉利海峡空战中也是主力机种之一。它对英国空军当时主要的歼击机"飓风"占有一定优势，后者时速仅 520 公里，比前者慢 50 公里。英国利用它完备的雷达防空指挥体系，才勉强顶住了德国的空袭，直到自己的新型战机"喷火"式单座歼击机大量投入使用，才松了一口气。

"喷火"式飞机是英国天才设计师雷金纳德·米切尔设计的。他在 20 岁就成为一家航空工厂的主任设计师,头一年就设计了一架水上飞机参加施奈德杯国际速度大赛。在 1927 年的大赛中,米切尔新设计的飞机速度达到每小时 450 公里,超过了墨索里尼事先大肆吹嘘的意大利"马基-卡斯多利吉"飞机(时速 434 公里),获得了冠军。第二年,米切尔设计的全金属结构飞机又获得了冠军。第三年,米切尔获得第一名的飞机时速已达到了创纪录的 575 公里。

1934 年,米切尔开始研制他的"喷火"式歼击机。两年后,这种飞机就开始参加航空节的表演。1937 年米切尔去世时,该飞机已投入批量生产。"喷火"式飞机的火力只有航空机枪,稍逊于德军飞机,但它的时速已达到 586 公里,已略优于"梅-109E",因而在伦敦上空保卫战中立下赫赫战功。

由于缺乏准备,战前美国人只有类似 P-40"战鹰"这样的歼击机,其时速只有 520 公里,甚至无法对付日本的"零式"飞机。战争爆发后,他们陆续研制成 P-39、P-47、P-51 等优秀歼击机,其中"雷电"重型歼击机的时速可达 640 公里。美国人的舰载机、远程轰炸机、远程运输机的性能也十分优越。

到 1938 年底,相比之下,苏联空军装备的落后状态已经令领导人非常担忧了。

1939 年初,苏联领导人在广泛听取航空工业技术人员、飞行员等各方面人士意见的基础上,决定采取断然措施,让二十几位新老设计师,分别去设计新型歼击机和轰炸机。斯大林清楚,在这里面能拿到五六种适于批量生产的飞机就谢天谢地了。苏联必须抢在战争的前面!

在这之前,雅科夫列夫设计局刚刚在空前短的时间里主动研制出一种高速双发动机侦察机(后被军方改作近距轰炸机)。它采用的发动机与"斯勃"轰炸机相同,但由于空气动力外型更为合理,速度却大为提高,达到每小时560公里,比当时的苏联歼击机还要快!这让斯大林大喜过望。苏联最高苏维埃主席团决定授予雅科夫列夫一枚列宁勋章、一辆"吉斯"牌小轿车和10万卢布奖金。不久,斯大林就请雅科夫列夫参加研制新歼击机的竞赛,并要求他在8个月之内,即1940年新年之前把飞机拿出来。

雅科夫列夫在斯大林的建议下,充分参考了一位曾在西班牙和蒙古诺门坎参加过空战的飞行员杰尼索夫的意见。他认为,苏联空军将歼击机分为机动型和快速型两种概念是不妥当的;歼击机必须有无线电设备;原有的射击武器口径太小,安装位置也不恰当。

雅科夫列夫决定在正研制的"伊-26"("雅克-1")歼击机上装20毫米口径的机炮和两门速射机枪,并使用克利莫夫正在研制的"埃姆-105"发动机。

雅科夫列夫和他的助手经过几个月的奋战,终于在1940年1月1日前拿出了"雅克-1"的样机,并将其推到机场上。经过上千次的检查,首次试飞终于开始了。他和几个助手站在旁边,好像患了疟疾似的,浑身在抖。试飞极为顺利,其时速可达590公里,机动性极佳,完全可以与德国人的歼击机相抗衡。到1940年的五六月份,"雅克-1"和米高扬设计的"米格"、拉沃奇金设计的"拉格"

都已试飞成功并投入批量生产。与此同时，一批富有创造力的年轻设计力量也造就出来。

就在雅科夫列夫刚刚完成他的第一架歼击机之际，一副新的重担又放在他的肩上。原来苏共中央已决定解除卡冈诺维奇航空工业人民委员（相当于部长）的职务，任命高尔基州委原书记沙胡林为新人民委员，并决定任命雅科夫列夫为副人民委员，负责航空科研和试制工作。

雅科夫列夫极力推辞，他不愿意他的设计工作受到影响。斯大林把问题提到共产党员纪律的高度，才使他接受了任命。

就这样，年仅33岁的雅科夫列夫又兼任了新的领导职务。从此，他每天上午在自己的设计局和工厂上班，下午直至深夜都在航空工业人民委员部工作。他直接分管飞机研制总局，领导着包括中央空气流体动力学研究院在内的各科学研究院以及各个飞机设计局，工作十分繁重。雅科夫列夫大胆调整了总局的干部，充实了精通专业的技术专家，对各部门和下属单位的工作进行规划；清理了各研究院的课题，砍掉了不必要和没有实际意义的题目，把技术力量集中到当前和长远看来非常关键的问题上；推动了新的高速风洞等大型实验室的建设；编写了设计工作的"百科全书"——《设计师手册》；特别是推动成立了专门负责新研制飞机试飞工作的机构——试飞研究院。

雅科夫列夫的领导工作成效十分显著。到1941年上半年，又一批新的飞机和设备研制成功并投入批量生产，其中包括歼击机"米格-3""拉格-3""雅克-7"，强击机"伊尔-2""伊尔-4"，轰炸机"彼-2",以及各种新型飞机发动机。苏联空军的装备水平似乎有望赶上甚至超过德国人。

## 四、取得制空权

然而,意料之外、情理之中的事情发生了。1941年6月22日,数百万德国军队向苏联西部边界发动了突然进攻。德国空军袭击苏联边境的66个机场,使苏联在当天上午就损失了1200架飞机,其中900架是在机场上被炸毁的。德国人在苏德战线投入了大约4940架飞机,一下子取得了压倒性优势。

战争开始前,雅科夫列夫曾三次随团参观德国的航空工业。苏联人甚至购买了5架"梅-109"歼击机、2架"容克斯-88"轰炸机和几架其他飞机。经过比较,雅科夫列夫确认,此前已经投产的苏联"拉格""雅克""米格"歼击机和强击机"伊尔"、轰炸机"彼-2"已具有同样水平的竞争力。但令人遗憾的是,苏德战争爆发时,上述新式飞机装备部队的数量却极其有限,并且其中相当一部分在战争的第一天就被炸毁在地面上了。

为了夺回制空权,支援地面战斗,必须大量生产新型战机。然而,随着德军向东迅速推进,苏联主要的飞机制造厂正处于沦陷的险境,因此必须立即迁移到西伯利亚的安全地区去,重新开始生产。这使得苏联空军面临的形势更加严峻。

从1941年秋季开始,雅科夫列夫就全力组织飞机工厂的迁移和重新投产工作。不久,雅科夫列夫被派往西伯利亚组织歼击机的生产。他在莫斯科的工厂的搬迁专列到达西伯利亚后仅三个星期就重新恢复生产，又过了三个月，产量已大大超过在莫斯科的水平。

在苏联军民的努力下，1942年1月份，飞机产量为1093架，2月份为915架，3月份已恢复到1647架，7月份就达到1941年6月战前水平的1.3倍。1942年苏联生产了25000架军用飞机（平均每月已可以向部队提供2260架飞机）。而这一年德国工厂生产的军用飞机为14700架。这使得苏德战场的空中态势开始扭转。

在对英、对苏作战中，德国人发现他们不可一世的"梅-109E"歼击机，面对"喷火"式飞机和"雅克-1"飞机，已没有什么优势，因此急忙对其进行改进。这样，在1942年春，就出现了"梅-109F"型飞机。它进一步改进了气动外形，安装了更大马力的发动机。后来为了改进火力，又搞出了"梅-109G"型飞机，并投入斯大林格勒战场。所有这些改进，使得"梅-109"飞机的速度提高了，火力增强了，装甲变厚了，但也大大增加了飞机的重量，使其机动性明显下降。

为了对付德国人改进的歼击机，苏联人也需要提供性能更好的飞机。然而战争的形势又不允许飞机产量受到明显影响。因此，雅科夫列夫决心生产一种改进型的"雅克"歼击机，使用原有的发动机，却大大提高飞机的速度和机动性。这似乎是不可能的，但他决心另辟蹊径。

经过开战以来的实战考验，雅科夫列夫看到了"雅克-1"飞机的潜力。他跳出了各国歼击机不断增加马力，导致飞机重量增加和机动性下降的怪圈，改为从减轻飞机重量、减少飞机阻力入手来提高飞机性能。

为此，他大胆地将机翼面积由17.5平方米减少到14.5平方米，将沉重的木质机翼大梁换成很轻的硬铝大梁，将发动机水冷散热器埋进机身，将润滑油散热器安排到机翼里面，减小飞行员座舱盖的阻力，连飞机尾轮也改为在飞行时可以收入机身。几乎所有的飞机零部件的重量都加以重新精打细算。同时，他还尽力保持了飞机生产工艺和飞机维护的简单性。改进而成的"雅克-3"歼击机的飞行时速一下子提高了70公里，大大超过了对手。

不久，新型"雅克-3"飞机便大批运到前线，替换原来的"雅克-1"。

1943年7月5日，著名的库尔斯克大会战打响了。德军为这场战役调集了包括"梅-109"最新改进型、"福克·沃尔伏-190"歼击机和"客克斯-88"轰炸机在内的2000架飞机参加战斗，立即遭到了苏军"雅克-1""雅克-3""拉-5"等歼击机的迎头痛击。在该战役中，苏空军每次出动几乎都达到400多架。空战空前惨烈，仅在敌人主动进攻的6天当中，苏联飞行员就击落了1037架敌机，终于压倒了敌人。10月，"雅克"歼击机又试装了克利莫夫设计的功率更大的"维克-107"发动机，效果非常好。这种飞机就是"雅克-9"歼击机，它的最大时速已超过700公里！为此，斯大林将"雅克-9"歼击机的总设计师雅科夫列夫晋升为中将。

在苏联军民的努力下，1943年生产了34900架飞机，第二年产量又上升到40300架。1944年初，苏联空军保持有8813架作战飞机，而德国人只有3073架。到1944年6月，德军在前线只有2796架飞机，而苏联空军此时已保持有14787架飞机，彻底掌握了制空权。

可以说，雅科夫列夫的"雅克-3"，尤其"雅克-9"是第二次世界大战中最优秀的大批量生产的歼击机。它的飞行速度不仅超过了英、德的主力歼击机，也超过美军使用的歼击机P51"野马"（时速600公里）、P-39"空中眼镜蛇"（时速580公里）、P-47"雷电"（时速640公里）。其改进机型"雅克-9德德"歼击机的不着陆航程为2000公里，可以进行远距离护航和攻击。

雅科夫列夫设计的歼击机性能卓越，深受苏联飞行员的喜爱，产量越来越高，用于第二次世界大战的就有36000架，占苏联当时歼击机总数的三分之二。

雅克飞机也给参战的盟国飞行员留下了极好的印象。一位法国飞行员在战后回忆："1944年10月，诺曼底飞行团自由法兰西大队在10天里击落了119架德国飞机，唯一的损失是两名飞行员受伤。这个大队飞的是'雅克-3'飞机，击落的大部分是'福克·沃尔夫-190'和'梅塞施密特-109G'。"很多法国飞行员宁愿驾驶机动性更好的雅克飞机，而不愿驾驶美国的"雷电"式飞机。

近半个世纪后的1991年，美国加利福尼亚圣莫尼卡飞行博物馆还曾请雅科夫列夫设计局为其再复制一架"雅克-3"飞机，可见影响之大。

## 五、进入喷气时代

由于内燃机动力的螺旋桨飞机的先天局限性，它的最大速度不可能接近音速，这样，第二次世界大战的结束也就宣布了内燃机动力歼击机时代的终结和喷气式飞行时代的开始。

其实,早在第二次世界大战开始前10年,当时还是英国皇家空军飞行员的弗兰克·惠特尔,就已经开始考虑涡轮喷气发动机了。他在皇家空军学院受训期间意识到,活塞发动机因受到吸入空气量的限制,其功率在高空会减少,同时,螺旋桨在飞行速度很高时效率也会变得很低。为此,他极力思考可能的出路,提出了可以利用某种发动机的喷气来推动飞机前进的想法,并且计算出这种发动机的巡航高度可达35000米。

但直到1935年,惠特尔的公司才找到一个财团提供支持。1937年4月,他设计的U型喷气发动机运转起来。1941年5月,英国的第一架装配喷气发动机的飞机飞上了天空。但由于技术很不完善,这种飞机对战争没有什么影响。

尽管如此,此时的英国也已大大落后于德国。因为早在1939年8月,德国著名的飞机设计师恩斯特·海因克尔设计的装有380公斤推力的喷气发动机的单翼机就飞上了天空。后来他又研制成功了"亨-280"这种世界上第一架喷气战斗机,但并未投产。

德国1943年底投入批量生产的喷气式飞机是梅塞施米特设计的"梅-262"飞机,它使用了两台最大推力为900公斤的喷气发动机,最大时速超过同盟国歼击机约160公里。但到战争结束时,它也仅生产了1400架,又被希特勒改做战斗轰炸机使用,因而未能充分发挥其空战的特殊性能。

战后,英、美等国立即开始了喷气式飞机技术的竞争。1945年11月,美国格洛斯特公司试制的"流星-IV"飞机,创造了时速969.9公里的世界新纪录。1948年9月，英国的无尾喷气式飞机"DH-108"在俯冲时，达到1120公里的时速，差一点儿跨过音障。

然而，在这些创纪录飞行的前后，一架又一架的飞机坠毁了。

当然，苏联工程师也没有闲着。在战争期间，雅科夫列夫曾在"雅克-3"飞机上加装液体燃料火箭加速器，使其最大时速达到800公里。但这种办法并不可靠，试飞员曾开玩笑地说："飞这种飞机就像跟母老虎接吻一样，既可怕，又没任何乐趣。"

战后，雅科夫列夫设计局立即开始了使用喷气发动机的"雅克-15"飞机的研制工作。当时苏联已获得了德国人的"梅-262"喷气机。航空人民委员沙胡林主张先仿制这种飞机，雅科夫列夫则表示反对。因为据他了解，这种飞机稳定性差，操纵复杂，曾发生一连串事故，难以取得飞行员的信任。最后，雅科夫列夫的意见占了上风。

为了避免早期喷气式飞机可靠性太差的问题，雅科夫列夫决定采取谨慎的做法：利用飞行员十分熟悉的"雅克-3"歼击机，仅换上一台新的"埃尔德-10"(缴获的"尤莫-004")涡轮喷气发动机。这样，除了机头需要做一番彻底修改，机舱、机翼、尾翼、起落架等都没做大的改动。结果，飞机非常轻，也很容易操纵，时速超过800公里，比原来的"雅克-3"快100多公里。

1946年4月，"雅克-15"首次试飞就获得成功。就在同一天，同一个机场上，"米格-9"飞机由格林奇克驾驶，也完成了首次试飞。"米格-9"是米高扬设计局研制的第一种喷气歼击机。它是全金属单座飞机，采用中单翼呈梯形。它在机身下部安装了两台推力各 800 公斤的"埃尔德 -20"（缴获的"BMW-003"）喷气发动机。采用了前三点式起落架，使驾驶舱的视界更为良好。装备武器的火力也很强。由于推力强大，最大时速可达 900 公里。

"米格 -9"飞机的主设计师是米高扬和米哈伊尔·约瑟夫维奇·古列维奇。他们早在苏德战争开始前就研制了"米格 -3"歼击机。当时米高扬只是一名年轻的设计师，而古列维奇是苏联老一辈设计师波里卡尔波夫的助手。"米格 -3"的高空速度很高，但在德军俯冲轰炸机和歼击机活动频繁的中低空，其机动性能却不十分理想，故在苏德战争开始后不久就停产了。

米高扬几年后就以"米格 -15"而闻名世界。这种飞机采用了后掠式机翼和尾翼、气密座舱和弹射座椅，最初装一台 2270 公斤推力的"埃尔德 -45"（仿英国"尼恩"）喷气发动机，后改用 2700 公斤推力的"维克 -1"发动机，具有极强的火力，速度可达每小时 1050 公里。在朝鲜战场上，"米格 -15"的速度、火力、爬升能力和垂直机动性都优于其对手——美国的 F-86"佩刀"式战斗机，但在水平机动性、续航能力、对地攻击性能方面则略逊于后者。

实际上，在 1950 年前后，雅科夫列夫设计局也搞出了几种后掠翼歼击机的新方案，但斯大林认为已经有了优秀的"米格 -15"飞机，暂时就不必考虑研制新的歼击机，最好走"米格"机改型的道路。这样，"米格"飞机就成为二战后苏联歼击机的主流。

在 1946 年夏季，由于设计工作太忙，雅科夫列夫已决定辞去航空工业部（原航空工业人民委员部）副部长的职务。斯大林经过询问同意了这个要求，但保留了他该部科学委员会主席的职务，同时苏联部长会议晋升雅科夫列夫为上将。

由于工作时间有了保证，到1949年为止，雅科夫列夫设计局又搞了好几种新飞机：喷气式飞机"雅克-17"，重型空降用滑翔机"雅克-14"，歼击教练机"雅克-11"，初级教练机"雅克-18"和喷气歼击机"雅克-23"。

1953年，斯大林逝世后不久，长航程巡逻机"雅克-25"飞机试飞成功，投入了批量生产。这种飞机不仅在当时的喷气式飞机中续航时间是最长的，而且其总体布局很有进一步发展的潜力，成为1958年以后批量生产的、有各种用途（首先是前线轰炸机）改型的"雅克-28"系列超音速作战飞机的基础。

1967年7月，在苏联航空节的飞行表演中，出现了苏联第一架垂直起落喷气战斗机。它未经滑跑就垂直上升到50米的高度，逐步开始水平加速，并收起起落架，随后旋风般从观礼台掠过。飞了一圈后，飞机又开始减速，接近着陆点后垂直下降，平稳着陆。这就是雅科夫列夫设计局研制的"雅克-36"。它实际上是在英国"鹞"式飞机之后，世界上第二种投入使用的垂直起落喷气战斗机，曾用来装备苏联最早的航空母舰。

## 六、从"飞行车厢"到喷气式客机

雅科夫列夫领导的设计局是一个极富才智、充满了创造性的集体。他们往往在十分困难的条件下取得人们意想不到的成就。

1952年夏末，雅科夫列夫、图波列夫、伊留申以及几个直升飞机设计师被叫到克里姆林宫，参加紧急会议。原来，政府领导人认识到苏联直升飞机技术已严重落后于美国，担心仅靠原有的专业设计单位在短时间内不足以扭转这种局面，决定动员搞固定翼飞机的设计局协助研制大型直升飞机。大多数人都感到十分为难，这完全是十分陌生的领域。只有一直搞直升飞机的米哈伊尔·列昂捷维奇·米里建议在原有12座设计方案的基础上试制一种直升机。

第二天，雅科夫列夫同意搞一种24座位的直升机。然而，政府却只给他们一年期限，但也答应要什么给什么。他们别无出路，只有服从。相比之下，美国从20世纪三四十年代就开始搞直升机，到50年代初，其载重量也不超过1吨。美国皮亚谢茨基宣称将制造载重2—3吨的直升机"YH–16"，但在1955年试飞时空中解体了。

经过反复论证，雅科夫列夫和他的同事们对纵列式双旋翼直升机这种奇特的布局方案最感兴趣。他们不仅要依靠原有的设计经验，还要对新出现的问题进行深入的理论分析和计算。然而，对如此复杂的飞行器，不可能把一切问题都预见到。其中最主要、最复杂、最不可预料的就是振动问题。为了保证研制速度，一下子就试制了四架原型直升机，分别用于实验室静强度试验、机场动强度试验、试飞和国家验收试飞。所有的重要部件事先都要在工厂和研究单位做试验。例如旋翼叶片试验的振动次数达到上千万次。

主要的麻烦出在整机的动强度寿命试验上。从运转的头几小时起就出现了振动，一会儿在这个转速上，一会儿又出在另一个转速上，一会儿排除了，一会儿又出现了，简直无法应付。以至于大家第二天早上见面，不是互致早安，而是问："振动怎么样啦？"

经过几个月的努力探索，最后通过改变叶片的特性才解决了这个难题。

1953年初冬，直升机交付国家鉴定试飞。但是命运又一次作弄了雅科夫列夫。原来，一位机械员在驾驶舱内进行最大转速升力试车时，将直升机系留在地面的4根钢索相继拉断，机体腾空而起。手足无措的机械员唯一能做的就是关掉油门，结果直升机从七八米高摔到地面。此后，试飞部门变得谨小慎微，几个月里也没有做多少试飞，直到朱可夫元帅直接过问，才迅速完成了试飞和鉴定。

这种"雅克-24"直升机的载重能力是空前的。机舱长40米，可装载货物或两辆小轿车（在2000米以下高度可载重6.5吨）。它曾载4吨货物升到2903米的高度，载2吨货物升至5082米的高度，创造了两项世界纪录。直到1957年这两项纪录才被米里设计的大型直升机"米-6"打破。

雅科夫列夫设计局的另一项出人意外的成就是"雅克-40"。这是一种喷气式中型客机，可载24—32位乘客。它一下子填补了20世纪60年代支线飞机的空白。意大利航空公司首先购买了"雅克-40"，经过飞行实践，认定它的水平很高。米兰的《速度》报认为"雅克-40"是"在西方没有对手的苏联飞机"。

截至1979年，雅科夫列夫设计局设计和研制出的飞机种类不计其数，其中投入批量生产的飞机就多达75种型号，累计总量高达66000架。

## 七、充满激情的理性实干家

雅科夫列夫一生的事业可以说是与苏联的发展同步进行的。他应该为自己感到自豪,他不仅获得过苏联英雄称号和 8 枚列宁勋章,还获得过表彰其终身成就的国际航空协会大金质奖章。他把自己的一生融入航空事业,甚至他的妻子卡佳·梅德尼科娃原来也是一位飞行员,曾创造过女子飞行世界纪录。他们在 1938 年一见如故,不久就结为连理,相伴终生。

我们回顾雅科夫列夫的历程,会发现他的一生充满了创造的激情和渴望。他曾说过:

> 一个设计师首先应该是一个幻想家,正是在这些幻想里产生着新颖的思想、新的设计构思以及如何将其实现的途径,争取把幻想变成现实,这是一个人,特别是一个设计师生活的最大意义。

在少年时代,他曾担心老一辈人会把一切都发明完了,自己就没有机会发明了。后来才明白,技术的进步是无止境的,一些任务的完成,其实只不过是为了提出新的更为复杂的任务。他回忆道:

> 在我制造滑翔机的时候,我心头就浮现出制造飞机难以抑制的渴望。接着又想制造一架更好的。当我制造飞机

的时候，我又在想：只要这架飞机能飞起来，我生活中什么也不要都行。可是当飞机制造出来并开始飞行时，又产生了一个新的愿望，再制造一架飞得更快、飞得更好的飞机。当我设计的第一架歼击机根据政府的决定命名为"雅克"，并生产了数千架的飞机装备了苏联军队的时候，我的幻想大概算是实现了吧，可是新的幻想又产生了。我给自己提出了新的目标，探索那未知的因素、试验、计算，最后是欢庆取得的新胜利，而在这整个过程中我也得到了最大的满足。

像莱特兄弟等航空先驱那样，雅科夫列夫并没有止步于幻想，而是投身于实干。在中学还没有毕业的时候就动手帮助别人加工滑翔机，甚至设计并制造成功了自己的载人滑翔机。雅科夫列夫又绝非忽视理论的盲目实干家，他对相关理论抱着极大的热情。他为了得到学习航空理论的机会，获得进入空军学院的资格，宁愿放弃其他大学，先去当一名机械兵。

雅科夫列夫的过人之处在于他将理论研究与实践摸索结合到了艺术的高度，这正是一名飞机设计师的最高境界。他说过：

只具有设计师的禀性或从小就对技术感兴趣是不够的。即使在数学、物理学或结构力学方面有很高造诣也是不够的。如果让我来说，设计不仅仅是一门科学和技术，还是一门艺术。

当机械兵的时候，雅科夫列夫在机场附近发现一条大沟里堆满了上百架失事飞机残骸。他一有时间，就在残骸堆里翻腾。这与其说是在寻找有用的飞机零件，不如说是在研究各种飞机的结构和薄弱环节。用他自己的话说，"这是一所真正的大学，虽然它别具一格"。

雅科夫列夫在研制"飞行车厢"的过程中，曾请示中央空气流体力学研究院，召集所有可能出力的专家，共同研究直升机的振动问题。一些专家提出自己的建议来克服振动；而有一些人，拿出各种图表和公式，试图证明这种振动是不可能排除的，其根源在于该直升机设计布局的固有缺陷；甚至有人说连美国人都无法排除"YH-16"直升机的振动，不必再浪费时间了！

但雅科夫列夫并没有泄气，他不会轻易接受轻率的理论推理。他意识到：必须从一个个机件入手，将振动一一排除干净。在那些日子，他的脑子无论白天黑夜都被振动问题占据着，几乎感到已经山穷水尽。一天，雅科夫列夫恍然大悟：所有可能的振源中，最严重的应该是旋转叶片。如果改变一下叶片的振动特性，结果会怎样呢？为了弄清楚是否确实是因叶片引起的振动，科研处长基利季舍娃建议把叶片截短半米试一试。两个星期之后，缩短50厘米的旋翼片装上了直升机。试飞员起动了发动机，直升机飞了起来。在20分钟的飞行过程中，他们反复试验了旋翼的各种工作状态，竟然在任何状态下都没有出现轻微振动，振动问题就这样克服了。

与一般飞机设计师相比，雅科夫列夫表现出实干家所必需的、更突出的组织才能。在中学他被同学们选为学生会主席。在滑翔机小组，在地下工厂，在设计局，在航空工业部，在他的热情、真诚、魄力和智慧的感召下，他的周围总能聚集起一个个充满活力的团队，创造出一个又一个不俗的成就。他在二战前后担任航空工业部副人民委员一职，对他的能力和品质是一次严重的考验。面对斯大林的严厉甚至苛求，他仍然能够坦然以对。

有一次，斯大林突然责问雅科夫列夫，因为他听说雅科夫列夫利用职权为自己的设计局谋求了更多的好处。航空工业部部长赫鲁尼切夫用具体的数据证明事实恰恰相反。雅科夫列夫设计局工厂的规模和机床的拥有量都不如图波列夫、伊留申、米高扬等设计局。雅科夫列夫平静地向斯大林说明：他早就预计到有可能遭到种种非难，因此开始在人民委员部，后来在航空工业部的工作过程中，他从来未做过任何一件让斯大林以后能谴责他的事。斯大林十分惊讶，并吩咐：如果是这样，应该为他创造不比别人差的条件。

雅科夫列夫还是航空工业"文明生产"的倡导者。早在1935年他建立自己的设计局时，就把它变成了一个"文明工厂"，其清净程度不亚于疗养院。这要求所有的职工都必须遵从严格的清洁行为规范。由于雅科夫列夫视吸烟为恶习，他的工厂也许是苏联最早禁止吸烟的正规企业之一。许多职工家属对他千恩万谢，因为他制定的纪律迫使她们的丈夫戒了烟。

雅科夫列夫主要的业余爱好是艺术欣赏和阅读写作。他亲笔撰写的《一个飞机设计师的故事》和《生活的目的》为许多国家的读者所熟悉。他认为:"一个专家要想在技术和科学上有所创造,那么他在文化修养的各方面都要有相当水平,音乐文学和绘画是会促进技术创造过程的。"也许这些话有助于我们思考雅科夫列夫过人创造力的来源。

(作者:刘二中)

# 科罗廖夫

## 从囚徒到苏联运载火箭之父

谢尔盖·巴甫洛维奇·科罗廖夫
（Сергей Павлович Королев，1907—1966）

谢尔盖·巴甫洛维奇·科罗廖夫是苏联著名火箭设计师，苏联科学院院士。在他的带领下，苏联成功研制了洲际弹道火箭，成功发射第一颗人造地球卫星、"东方号"和"上升号"系列宇宙飞船，实现了人类历史上第一次载人宇宙飞行，第一次人在太空行走。他是列宁奖金的获得者，拥有"社会主义劳动英雄"的称号。然而，他又是斯大林主义的受害者，1938—1944年他在监狱劳改营中度过了6个春秋。

## 一、充满激情的青年时代

1907年1月12日，科罗廖夫出生在乌克兰日托米尔一个教师家庭。在他两岁的时候父母便离异，这造成了他比较封闭、自立性强的性格。当科罗廖夫四五岁的时候，母亲发现他对蓝天有着深深的向往。

1917年，他来到敖德萨，开始了在学校的学习生活。此时，乌克兰正处于政权频繁更迭的动荡时期。1920年2月，苏维埃政权取得胜利后，形势才逐渐趋于好转。这段时期，他认识了他家附近海上航空大队的驾驶员，并常常随着飞行员一起飞向蓝天，激发了他少年时期的兴趣和爱好。

1924年，科罗廖夫考入基辅理工学院机械系，这里是培养未来航空工程师的摇篮。在大学学习期间，科罗廖夫是年龄最小的学生。他一边读书，一边打零工，以支付在大学的学习费用。两年后，他又来到了莫斯科鲍曼高等技术学校继续学习。同时，科罗廖夫还在莫斯科滑翔学校学习制造、驾驶滑翔机。他痴迷各种滑翔机，在科特贝尔地区举办的全苏滑翔机比赛中，他亲自驾驶自己设计的滑翔机在空中飞行 4 个多小时。

在莫斯科鲍曼高等技术学校学习期间，他最喜欢飞机设计师图波列夫讲授的飞机制造课程。1929 年 9 月，图波列夫在科罗廖夫毕业论文答辩时说：

航空事业没有轻松的道路，如果你不怕困难，我们的道路向你敞开着！

这一年，科罗廖夫拜访了后来被誉为"苏联航天之父"的齐奥尔科夫斯基。这位现代火箭理论的奠基人对于科罗廖夫未来的道路选择起到了决定性作用。科罗廖夫后来回忆道：齐奥尔科夫斯基对未来人类飞向宇宙坚信不疑，我从他那里离开之后，只有一个目标：建造火箭，飞向太空！

1931 年 9 月，科罗廖夫与航空液体动力中心研究所的工程师仓德尔在莫斯科组建了"反作用运动研究小组"，科罗廖夫领导着这个小组的科技委员会，小组的科研工作得到了国防委员图哈切夫斯基元帅的有力支持。1932 年，这个小组已经发展为国家研制火箭飞行器、液体弹道火箭的研究所。

科罗廖夫与仓德尔、吉宏拉沃夫、颇别多诺斯采夫等青年科学家一起以满腔的热忱投身于火箭的研究中。在他们工作的地方横挂着巨幅标语——"奔向火星！"

20世纪30年代初期，科罗廖夫开始研制液体燃料火箭。1933年8月17日，苏联第一枚液体火箭-09在试射时达到了400米高度，这是他们走向成功的重要一步。当时只有美国和德国研究液体火箭。科罗廖夫认为，必须首先研制装有反作用发动机的飞机。同年3月，在列宁格勒召开的全苏大气层研究会上，科罗廖夫做了一个报告，阐述了人类乘坐火箭飞机飞向大气层的可能性。1934年，科罗廖夫出版了专著《大气层中的火箭飞行》，在书中他强调了弹道火箭的重要性，探讨了使用火箭达到科学和军事目的的可能性，指出必须建造反作用发动机。他把该书寄给了齐奥尔科夫斯基并得到了很好的评价。

1934年，苏联的火箭研究基地基本建立起来。然而，战争的乌云愈来愈明显，如何强化国防成为苏联科学家的工作重点。根据图哈切夫斯基元帅的命令，1933年9月，"反作用运动研究小组"与列宁格勒燃气动力实验室合并成一个"反作用科学研究所"，这是世界上第一个反作用科学研究所，由克列梅诺夫担任所长，科罗廖夫担任副所长。1936年，科罗廖夫成功试验了217型带翼固体高射火箭和212型液体远射程火箭，研制液体带翼和远程空对地导弹方案已经基本成熟。

反作用科学研究所的上级主管部门是重工业人民委员会下属的弹药管理局，这个管理局只对作为炸弹的大型武器感兴趣，不关心发展火箭事业。此时,科罗廖夫的好友仓德尔去世,一些同事相继离开研究所。科罗廖夫意识到,这是国家唯一一个可以从事火箭技术项目研究的科研机构,他留了下来,集中全部精力研制带翼火箭。1938年前夕,科罗廖夫研制火箭操控系统,包括212型液体带翼远程火箭和204弹道火箭,还有用于轰炸目的的空对地201型火箭。

## 二、大清洗劫难

1937年秋天,苏联大清洗开始。图哈切夫斯基元帅被诬陷为"背叛祖国的人民敌人"被处决。与其关系较为密切的人均受到株连。图波列夫被投入监狱,一大批航空界的科学家和工程师相继被捕,如米亚希贤夫、别特利亚夫、巴尔基尼。反作用科学研究所所长克列梅诺夫、副所长兰格马克被处决。科罗廖夫也于1938年6月27日被捕,罪名是"参与托洛茨基反苏组织""滥用国家资金,企图削弱苏联国防"。在审问期间,他遭到残酷殴打以致下颚骨折。从此以后,他既不能大幅度转头也不能完全张嘴。1966年,医生在给他做手术时正是由于无法使他张嘴而导致抢救失败。

为了让科罗廖夫承认自己的"罪行",内务部的审讯人员以科罗廖夫的亲人相要挟:

> 如果你不承认对你的指控,明天将逮捕你的妻子,把你的女儿送到孤儿院!

他别无选择,只能在自己的"罪行"书上签字。

1938年9月25日,经斯大林、莫洛托夫等政治局委员签字同意,科罗廖夫被列入"第一类"罪犯的名单,所谓"第一类"就是"枪决"。幸好当时大清洗的浪潮有所缓解,法院没有完全按照内务部的意见判处科罗廖夫死刑,而是判10年有期徒刑,当时他只有31岁。随后,他被发配到西伯利亚的科尔玛金矿做苦役。

科尔玛劳改营的生活条件和劳动条件异常艰苦。据统计,有大约60万"人民的敌人"在这里接受劳改。数十人挤在一个寒冷、潮湿、阴暗的屋子里住着上下铺,他们每天劳动长达12小时以上,经常挨饿、被殴打,在劳改营中每天约有25—30人死亡。长时期的饥饿和营养不良使科罗廖夫的体重只有45公斤。在1939年11月的一天,他终于无法起身而被当成死人装入麻袋。就在准备拉走的时候,他被好心人救下才没有被活埋。科罗廖夫的母亲到处奔波求人,她求过苏联最高苏维埃代表、苏联的飞行英雄格罗莫夫、格利卓杜波娃,希望他们能够利用自己的影响与法院沟通重新审理科罗廖夫一案。

在劳改营中,科罗廖夫给斯大林写信,他在信中强调的不是个人境遇,而是国家的利益,是他为之奋斗的火箭事业。他写道:

> 苏联的飞机应该比可能出现的敌对国家的飞机具有绝对的优势,最主要的是飞行速度和飞行高度。然而,现在的形势是,敌对国的飞机完全可能打击我国的任何目标……出路只有一个:建造火箭飞机。

1940年6月，法院对科罗廖夫案件重新审理，刑期由原来的10年改为8年，随后他被遣送到别乔雷地区修筑铁路，那也是异常艰苦的地方。此时，苏联肃反运动导致一大批航空航天领域的精英被以各种罪名投入到监狱，他们被集合在一起，在所谓的设计局实则为监狱研发飞机。苏联著名飞机设计师图波列夫也未能幸免，他被诬陷而失去自由在莫斯科内务部29号特殊设计局负责飞机的研制工作。尽管自己还是在押之身，但他作出了极大努力坚持将科罗廖夫调来，共同研制作战飞机。这是科罗廖夫命运的转折点。

## 三、卓著的科学技术成就

### 1. 强化国防力量

来到图波列夫所在的设计局后，科罗廖夫马上着手研制作战飞机。他向内务部提交了新的设计方案——"火箭鱼雷AT"。很快，新式飞机成功试飞。1941年6月，德军入侵苏联，图波列夫所在的设计局转移到了后方奥姆斯科市。面对德军的入侵，科罗廖夫要求当一名飞行员到前线同德军作战。但是，此时已经恢复自由并担任领导职务的图波列夫拒绝了科罗廖夫的请求："你走了，谁造飞机？"在图波列夫的鼓励下，科罗廖夫努力工作，并被任命为飞机组装车间副主任。

与此同时，科罗廖夫继续研究火箭发动机。当他得知在喀山16号飞机制造厂的科学家囚犯格鲁什科正在研究反作用发动机装置的时候，他要求调到那里去，他的请求获得了批准。很快，实验设计局成立了由科罗廖夫担任设计师的火箭发动机研制小组。为进一步提高飞机的飞行速度,他在飞机上加装火箭发动机作为助推器。发动机安装到飞机后,科罗廖夫亲自试飞。试飞中,飞机出现故障导致飞机尾部受损。当科罗廖夫从机舱里被救出来的时候,他说:

好在我亲自试飞,我已经知道事故的真正原因了。

1943年,在科罗廖夫的努力下,装有火箭装置的飞机第一次完成了单独飞行,借助于火箭的助推,飞机的起飞滑跑距离缩短了整整70米,比其他飞机更快升空,性能也有所提升。

鉴于科罗廖夫对苏联国防作出的贡献,1944年7月26日,他与其他29名科学家囚犯被提前释放(但不是平反)。科罗廖夫获得自由后,他没有急于回到分散多年的亲人身边,他要把失去的时间尽可能夺回来。他给妻子写信,告知他还不能马上回到亲人身边。

无数人还在流离失所,我相信我很快就能见到你。

他给母亲写信,表达了高兴之情:

我有了22平方米的单独房间,有两扇窗,阳台上还有门。阳光是那么充足,这是我以前所没有感受到的,我体会到了太阳的价值。

为了做完那些还没有完成的实验,他在喀山又工作了 10 个月。

1944 年,德国已经成功研制出液体火箭发动机,使用这种发动机的火箭在性能上远远超过苏联,也远超美国所研制的同类火箭。同年 6 月,德军使用 V-1 火箭对英国进行了猛烈的轰炸。后来,德国又研究出自动操控弹道的 V-2 火箭并成功进行了 250 公里试飞。这一年,战争形势发生变化,苏军开始转入反攻。科罗廖夫作为代表团成员出访德国苏军占领区,收集 V-2 火箭研究资料。在德国的佩内明德市的诺德豪森火箭中心,他似乎不是昨日的"囚犯",而是代表团团长。他像将军那样指挥、命令其他人。随行人员也甘心听他的吩咐——他是火箭方面的真正专家。科罗廖夫分析了德国火箭工艺后得出结论,苏联可以借鉴 V-2 火箭研制出性能更好的火箭。

二战结束后,冷战随之开始,强化国防成为苏联的当务之急。1946 年 5 月 13 日,苏联部长会议做出决议,要发展苏联的火箭工业,在莫斯科郊外加里宁格勒(今科罗廖夫科学城)成立了 88 号火箭技术研究所,科罗廖夫被任命为总设计师。这个决议不仅决定了科罗廖夫的未来命运,也在 11 年后为苏联打开了通向宇宙的大门。1948 年 3 月,科罗廖夫奉命向斯大林汇报研制 РДД 火箭的进展情况。斯大林要求复制德国火箭,以尽快装备苏联军队。这次与斯大林的会面使科罗廖夫深受鼓舞。在他的领导下,很快就设计出完整的 РДДV-2 火箭。这一年,又进行了 P-1(复制 V-2)火箭试验,使用的材料和图纸都是苏联本国的。1950 年,该型火箭开始装备部队。

当时，苏联大多数人都认为火箭只是一种会飞的大炸弹，这个项目自然要由弹药管理机构负责。至于航空界，人们对将液体火箭发动机应用于飞机上的发展前景缺乏足够的认识。而科罗廖夫认为，液体火箭不是简单的炸弹，它是一个复杂的系统。

1949 年 8 月 29 日，苏联成功爆炸原子弹，打破了美国的核垄断。但是，用火箭打击目标距离问题凸显出来。因此，必须解决火箭远距离飞行的问题。火箭飞行 300 公里在当时已经是一种奇迹，然而，科罗廖夫对此并不满足。1952 年，他研制了 P-2 火箭，成功进行了 600 公里的飞行试验，这一射程可以到达美国某些海军和空军基地。1953 年，研制成功 P-5 火箭，飞行距离可以达到 1200 公里。此后，科罗廖夫的团队不断研发出新式火箭。1955 年，研发出 P-11M 可以携带原子弹的火箭和用于潜艇的 P-11ФM 型火箭以及可以携带氢弹的 P-7 型火箭。1956 年，研制出可以携带核弹的 P-5M 型火箭。1957 年，他们研制出洲际弹道导弹 P-7，重量达 283 吨。然而，科罗廖夫清楚地认识到，苏联液体洲际导弹的性能还不如美国，美国使用的是固体燃料火箭，发射前不需要加注燃料。于是，科罗廖夫又集中全力研发出 PT-1 和 PT-2 型固体燃料洲际导弹。此后很长一段时间，苏联一直使用这种导弹。现在，俄罗斯研发的各种新式导弹其实都是以 PT-2 型导弹为基础加以改进的。科罗廖夫成为一位把火箭技术与核弹技术结合在一起的总设计师，科学界和军方高度评价科罗廖夫的巨大贡献。1953 年，他被推选为苏联科学院通讯院士，1956 年被授予"社会主义劳动英雄"称号，1958 年他当选为苏联科学院正式院士。

## 2. 飞向太空

1954年，当苏联政府做出决议要研制洲际导弹P-7的时候，科罗廖夫就想到这将是一个可运载卫星的火箭。他向相关部门呼吁要借助于这种火箭发射人造地球卫星，并不断阐述人类进入太空、登上月球的重要性和紧迫性。

1955年6月，在给苏联科学院提交的研究活动报告中，科罗廖夫指出，利用火箭飞行器实现超距离和任意高度的超高空飞行在原则上是可行的。目前制造人造地球卫星和载人高空飞行研究星际空间的宇宙飞船日趋接近现实。

1956年1月，他向赫鲁晓夫陈述研发人造地球卫星的重要性。赫鲁晓夫同意了他的建议，但附加了一个条件，不能影响洲际导弹的进一步研发。科罗廖夫研制人造地球卫星的想法也得到了苏联科学院的支持。为了研制卫星和宇宙飞船，他不断与各个领域的科学家进行交流，特别是物理学家和医生。关于卫星的形状，科罗廖夫认为：球体，只能是球体！球体能给人一种良好的感觉，它和太阳的形状要像。

1957年8月3日，第一枚洲际导弹发射成功，但运载火箭的推力还不足以将卫星送入地球轨道。科罗廖夫大胆地在第一级火箭采用四台侧挂发动机与主发动机并联工作的方法，巧妙地在较短的时间内解决了推力不足的问题，又避免了研制新型大推力运载火箭的巨额投入和技术风险。同年10月4日，利用这种"捆绑式火箭"，苏联成功发射了第一颗人造地球卫星。卫星的成功发射震惊了全世界，尤其是美国朝野，美苏两国之间的太空竞赛也由此拉开序幕。

鉴于科罗廖夫为航天事业作出的巨大贡献，1957年12月30日，他荣获列宁奖金。

卫星发射成功后，科罗廖夫没有急于将人送入太空，而是先用小动物做试验，取得经验后再考虑搭载宇航员。1960年12月，专为载人而设计的第三艘宇宙飞船在返回大气层时被烧毁，这一事故对科罗廖夫是一个很大的打击。但是，科罗廖夫并没有失去信心，他改进了飞船的降落装置，使只搭载动物的第四艘载人飞船在绕地球一周后安全返回地面，成功地验证了人类进入太空的可行性。在科罗廖夫的努力下，1961年4月12日，加加林搭乘"东方1号"运载火箭实现了人类首次太空飞行，这一壮举又一次震惊了世界。随后的"东方2号"到"东方6号"的太空飞行都相继取得成功，飞行时间由最初的108分钟延长到94小时，并两次完成了两艘飞船的编队飞行。"东方6号"的宇航员捷列什科娃成为世界上第一位女宇航员。1965年3月18日，列昂诺夫搭乘"上升2号"又把科罗廖夫的人类在太空中行走的设想变成了现实。

科罗廖夫又在考虑建立一个可以操控的、能长期在太空工作的空间站——"联盟"号。他对未来的空间站进行了具体的规划和设想：空间站有专门的生活区；宇航员可以不穿宇航服从事科研工作；在飞行过程中两个飞船可以对接；宇航员可以从一个飞船进入到另一个飞船。虽然这一设想还没有实现科罗廖夫就离世了，但是，他生前已为此做了大量工作，后来有些设想变成现实是与科罗廖夫的前期工作分不开的。

科罗廖夫在航天领域的贡献还表现在对月球等星球的多次探

测。奔向月球、奔向火星、奔向金星是他在青年时代的梦想。苏联的月球探测启动于 20 世纪 50 年代,当得知美国制定登月计划时,赫鲁晓夫说:

不能把月球送给美国人!

1959 年 1 月 2 日,在科罗廖夫的领导下,苏联发射了"月球 1 号"探测器,由于没有查明的原因,两天后它从距月球 6000 公里处飞过并进入太阳轨道。同年 9 月 12 日,"月球 2 号"探测器发射成功,把苏联的国旗带到了月球,10 月 7 日,"月球 3 号"探测器在距离月球 60—70 公里处拍摄了地球上观测不到的月球背面的照片。1966 年 2 月 3 日,苏联发射的"月球 9 号"在月球上成功软着陆,发回一批月球的全景照片。尽管这次发射探测器是在科罗廖夫去世之后,但是,其技术基础仍然是科罗廖夫在世的时候奠定的。除向月球发送探测器外,科罗廖夫还组织过对火星和金星发射探测器,为人类星际探索迈开了重要的一步。

## 四、无名的总设计师

科罗廖夫在苏联航天史上的成就是巨大的。他创造了数个世界第一:第一颗人造地球卫星、第一次载人太空飞行、第一次人在太空中行走、第一个能在太空中工作多年的空间站,这一切都与科罗廖夫院士的名字紧密联系在一起,他成为当之无愧的"苏联运载火箭之父"。然而,科罗廖夫的名字在他生前一直不为外界所知。当第一颗人造地球卫星发射成功后，瑞典诺贝尔奖金委员会希望将卫星的设计者列入诺贝尔奖候选人的名单。他们致信苏联政府，询问谁是卫星的设计者，赫鲁晓夫回答说："卫星的设计者是全体苏联人民！"由于科罗廖夫的研究工作涉及苏联国防安全，苏联政府决定科罗廖夫不能公开使用自己的名字，去世前不能公开自己的身份。于是，科罗廖夫的名字不存在了，他的名字被苏联当局视为高度机密，科罗廖夫与诺贝尔奖失之交臂。

当加加林飞向宇宙获得成功后，科罗廖夫的女儿娜塔莎和人们一起走上街头尽情欢呼。人们都想知道背后的设计师是谁，娜塔莎很想告诉人们，这个设计师就是自己的父亲！然而，这在当时是绝对不可以的，科罗廖夫的家人也被要求永远对其工作保持沉默。航天工程的每一次壮举完成后，都会在克里姆林宫举办庆功宴会，只有在这个圈子里，人们才公开称科罗廖夫为总设计师。当苏联的航天事业取得了一个又一个举世瞩目的成就后，常常有人问科罗廖夫：

所有的荣誉都成了别人的，既不让你出国，也不让你公开发表自己的研究成果，你不觉得受到伤害？

科罗廖夫回答说：

我没有想过这个问题！

作为一系列航天壮举的幕后功臣,科罗廖夫曾经几度与死神擦肩而过。他差点儿被当成"反苏维埃分子"被枪决,差点儿在劳改营被冻死饿死,却都奇迹般活了下来。当科罗廖夫回到亲人身边后,他给亲人讲述他是如何被审讯的,如何被判刑的,如何被流放到西伯利亚的,又如何来到图波列夫飞机设计局的。讲完后他说:

> 以后你们永远不要再问我这方面的事情了,我要把这些都忘掉!

然而,他忘不掉,直到去世,他都痛恨金子,因为金子能勾起他被流放到金矿的痛苦回忆。1955年,他致信相关部门要求平反,他写道:

> 我从来都没有参与组织反苏维埃的活动,请对我的案件重新审查并给予彻底平反。

然而,这一天他又等了足足两年,在第一颗人造地球卫星发射前半年即1957年4月18日才为他彻底平反,彻底否定了对他的各种指控。此时,他已经是苏联科学院的通讯院士、"社会主义劳动英雄"、国家重点保护的国防尖端技术人才。恢复自由后,他从劳改营只带回一个铝制的水杯,这个水杯他一直保留到去世。去世的时候,他名下的存折只有16.24卢布。对于物质生活,他总是说:"这是小事儿,不重要!"

流放时期恶劣的环境、几十年不分昼夜的工作使科罗廖夫积劳成疾。他的直肠上长了一个肿瘤，动脉也有硬化的征兆。重病中的科罗廖夫壮志未酬：

> 再给我十年时间就够了，事情不是很多了，到月球，到火星！

1966年1月5日，他不得不住进医院。1月14日，他逝世在手术台上。苏联政府给予科罗廖夫相当于国家高级领导人的悼念规格。1月16日，苏联广播第一时间、苏联各大报纸均在头版头条报道科罗廖夫逝世的消息。他的遗体被安放在联盟大厦圆柱大厅供人们瞻仰。次日，尽管莫斯科十分寒冷，但仍有数以万计的莫斯科市民自觉排成长队来瞻仰这位富有传奇色彩的科学家的遗容。他的名字、他的肖像，甚至他的功绩，人们只是在1月16日才首次听到和看到。1月18日，苏联科学院院长科尔德什在遗体告别仪式的讲话中说道：

> 我们的国家和世界科学界都失去了一位伟大的科学家。他的名字与我们这个科技时代伟大的探索——开创人类征服宇宙的时代紧密联系在一起。

苏共中央总书记勃列日涅夫与其他苏共政治局委员亲自将科罗廖夫的骨灰盒放到了克里姆林宫的墙下。科罗廖夫在世的时候，他的名字不为外界所知。他去世后，苏联媒体高度赞扬他是一位卓越的科学家，却对他在 30—40 年代受到的屈辱和迫害缄口不言。

为纪念科罗廖夫，1966 年，苏联科学院设立"科罗廖夫金质奖章"和"科罗廖夫大学生奖学金"；在日托米尔、莫斯科、拜科努尔都矗立着科罗廖夫的塑像；在一些城市还有科罗廖夫纪念馆；在萨马拉有以科罗廖夫命名的航空航天大学；在莫斯科、圣彼得堡等 38 个城市都有以科罗廖夫名字命名的街道。他还是唯一一位尚未获得平反就被授予"社会主义劳动英雄"称号的科学家。

## 五、结语

科罗廖夫喜欢火箭科技事业的挑战性，在失去自由的 6 年里他仍然痴迷火箭和飞机的研究。他不是为了取悦当局以获得减刑，也不是为了奖赏，火箭事业就是他的最大兴趣。工作的时候，他忘记了痛苦，忘记了屈辱，甚至忘记了自己还是囚犯。只是由于火箭事业关系到苏联的国防，他才成为最高当局关注的重要人物。

科罗廖夫是理性与幻想的有机统一体。在开辟航天事业的过程中他的功绩是无人匹敌的。毫无疑问，他超越了他的前辈齐奥尔科夫斯基和图波列夫。科罗廖夫的逝世对苏联宇航事业是一个无法估量的损失。1968 年，N1 火星探测火箭制造成功，但是，连续发射四次全都以失败告终；1974 年升级版的 N1 火箭准备就绪，却由于种种原因而取消发射。

科罗廖夫有过两次婚姻。他的第一任妻子温采吉尼是一位医生，在科罗廖夫失去自由的 6 年中她独自拉扯女儿，度过了最艰难的岁月。她受人尊敬，个性独立。在莫斯科医院工作颇有成就的她不愿意到边远荒凉的火箭试验场工作。也许是他们长期分离的原因，他们逐渐无法接纳对方。他们的婚姻终于在 1948 年结束了。女儿娜塔莎永远是科罗廖夫心中的痛。女儿得知父亲"背叛"家庭后，将父亲的所有照片都撕成碎片。在女儿满 18 周岁的时候，远在火箭试验场的科罗廖夫给她写信：

> 衷心祝贺你成为伟大苏维埃祖国无愧的公民。你要热爱自己的人民和生你的这片土地。你永远都不要忘记你的父亲，不要忘记那个爱你的父亲。

科罗廖夫的第二任妻子耶尔莫拉耶娃是科罗廖夫所在单位的英语翻译，1948 年他们结成伉俪。

科罗廖夫是不幸的，他出生在动乱年代，幼年因父母离异而失去父爱，在报效祖国的金色年华身陷囹圄长达 6 年，占去了他整个生命的十分之一还多。流放地异常艰苦的环境严重损坏了他的身体健康使其过早离世。然而，科罗廖夫又是幸运的，他有过欢乐与充满激情的青年时代，他的兴趣、他的爱好、他的理想恰恰是与国家的需要联系在一起的，这为他的理想变成现实创造了条件，他在实践中展现了自己的才华和价值。他在短暂的一生中为苏联、为世界宇航事业留下了宝贵而丰富的遗产。科罗廖夫的名字将永远是苏联乃至世界航天航空领域的骄傲。

（作者：曾晓娟　严建新）

# 冯·布劳恩

## 20 世纪火箭工程的奠基人

沃纳·冯·布劳恩

(Wernher von Braun, 1912—1977)

## 一、当过机械学徒工的物理学博士

1912年3月23日,沃纳·冯·布劳恩出生于东普鲁士的维尔西茨(今波兰境内)。那时他的父亲马格努斯·冯·布劳恩男爵是省议会议员,以精明强干而出名。后来,马格努斯又成为德国魏玛共和国的农业部长,也是德国储蓄银行的创办者之一。为此,他带着妻儿移居柏林。他的长子西吉斯蒙德1911年出生,次子即沃纳,幼子马格努斯生于1919年。

沃纳·冯·布劳恩征服宇宙的热情溯源于母亲的影响。他的母亲埃米·冯·布劳恩男爵夫人出身贵族世家,是一位很有教养的女士。她酷爱文学和音乐,能熟练地用6种语言会话,还是一个业余天文学爱好者。她很注意培养小沃纳的好奇心。当儿子在路德派教堂行坚信礼时,她没有按惯例给他金表,却给了他一副望远镜。冯·布劳恩回忆说:

> 于是,我也成了一个业余天文爱好者,从而对宇宙产生了兴趣。

后来,他对有朝一日把人送上月球的飞行器产生了好奇心。沃纳·冯·布劳恩13岁时在柏林豪华的使馆区街道上进行了他第一次火箭试验。他从一个焰火商那里买到了六支特大号的焰火,绑在自己的滑坡车上。冯·布劳恩回忆道:

> 车子完全脱离了控制,拖着彗星尾巴似的火焰冲了出去。我万万没有想到我的火箭会有这么大的威力。最后,焰火在雷鸣般的一声巨响中燃烧干净,车子也停了下来。警察很快就把我抓住。幸好没有人受伤,所以我就被释放了,交给了农业部长——我的父亲去管教。

当时他发现,有许多东西值得探究,但是这些在他上的法国人办的大学预科学校课程里几乎都没有。在十分关键的一个学年,冯·布劳恩打定主意要在父亲的汽车房里自己动手造汽车。但是这位年轻发明家的汽车没造好,却耽误了他复习功课的时间,结果冯·布劳恩的数学和物理两门功课都不及格。他父亲决定让他转往另一所风格不同的学校。1925年,冯·布劳恩读到了赫尔曼·奥伯特写的《通向星际空间之路》一书。从此,他毫不犹豫地选定了自己的终身事业——征服宇宙空间。实际上,他一开始读此书时并不那么轻松愉快:

> 打开一看,我吓呆了,满纸都是五花八门的数学公式,叫人莫名其妙。我跑去找数学老师,问他怎样才能弄懂赫尔曼·奥伯特说的话。他要我好好学习数学和物理,那恰

恰是我最差的两门功课!

冯·布劳恩决心要取得成功。他全力攻读这两门叫人头痛的学科,成绩逐渐提高。1928年,他转学到北海施皮克罗格岛上的赫尔曼·利茨学校。这所学校的学生上午上完六小时课以后,把下午的时间花在木工、石工或农事方面。这比起把拉丁文散文翻译成法文来,更让他喜欢。因为渴望弄懂奥伯特航天书里的各种符号,他知难而进,不久就成了班上功课最好的学生。

后来他回到柏林,在夏洛滕堡工学院注册入学。按照学校严格的校规和极其注重实践的条例,他必须同时在博尔西西机器厂当学徒。进厂头一天,一个工头给了他一块和茶壶一样大的铁块和一把锉刀,要求把它做成一个完好的立方体。冯·布劳恩最初锉出来的东西无论如何也不能让工头满意。后来他回忆说:

五个星期过去了,铁块越来越小,我的手指却越来越粗糙。但是,我决心磨出一个他挑不出毛病的立方体。最后,我把费尽全力做出来的成品交给他,只比胡桃略大一点。他透过布满灰尘的眼镜凝视着,对每一面都作了检查,我的心直跳。全部辛苦所得到的报偿只是他说了一声"好"!

冯·布劳恩不仅当过钳工学徒,还开过车床和牛头刨床,并且在铸工车间和锻工车间干过三个月。学徒期满后,他还在机车装配库工作过。

冯·布劳恩进入工学院之时,德国正处于业余爱好者研究火箭技术的热潮。不断有人把火药火箭用于驱动雪橇、车辆甚至飞机,打破了若干世界纪录。但是影响最大的还是赫尔曼·奥伯特教授,由于他写的理论与实践相结合的宇航著作,他常常被人们誉为"现代火箭技术的先驱"。1930年春,奥伯特从罗马尼亚老家回到德国,准备开始进行实验,以证实他的论点:火箭动力的最佳来源是液体而不是火药。就在这个时候,冯·布劳恩通过朋友的帮助,幸运地会见了奥伯特。冯·布劳恩对奥伯特说:"我还在技校学习,除了业余时间和热情以外一无所有,但是我能帮助做点什么事吗?"教授说:"你马上就来吧。"冯·布劳恩参加了奥伯特创建的德国空间旅行协会,很快又成为理事会成员。

奥伯特还得到其他的助手鲁道夫·内贝尔和克劳斯·里德尔等人的帮助。他们的微型液体火箭发动机实验在1930年7月终于获得成功。他请来了国立化工研究室的一位里特尔博士,证明发动机在90秒内能产生出7公斤的推力。在这一过程中,消耗汽油和液氧4.79公斤。可惜的是,奥伯特由于经济上的原因,不久以后重新被迫在罗马尼亚任教。但是他的助手鲁道夫·内贝尔带领大家继续研究液体燃料火箭技术。冯·布劳恩后来说:"回顾过去,我们的事业主要是基于乐观主义和一片痴迷,但是这并不妨碍我们在火箭发动机设计方面取得十分可观的进展。但是,我们还是必须要把第一枚火箭射上天,没有这种看得见摸得着的成就来为我们增光,就很难指望我们自命不凡的火箭飞行场在经济上能生存下去。"

1931年夏天，冯·布劳恩暂时到瑞士苏黎世的联邦工学院去深造。10月份他回国正赶上内贝尔小组头一次公开表演发射微型火箭"米拉克1号"。由于推力不足，在发射导轨中上升不到一半的距离，就因燃料耗尽又悄悄地落到原来的位置上。没过几个星期，这种火箭终于成功上升到1000英尺以上的高度。

冯·布劳恩于1932年春从夏洛滕堡工学院毕业，并获得航空工程学士学位。但是，他决定转入柏林大学。在奥伯特以及内贝尔火箭小组的研制实践使他认识到，要掌握火箭和宇航技术征服外层空间，仅有工学知识是不够的，还必须精通更多的包括物理、化学和天文学在内的理论科学，才能透彻地理解相关问题的所有方面，并建立新的火箭发动机理论。当时，杰出的物理学家马克斯·冯·劳厄和埃尔温·薛定谔都在柏林大学任教。他一面在大学学习，一面利用德国陆军提供的研究经费，建立起自己的小组，设计并试制更大的火箭发动机。这样，在那几年的时间里，年轻的冯·布劳恩就实现了基础理论学习、工程设计与制造以及实验研究的高度紧密结合。得天独厚的条件和机遇，使一位杰出的科技天才迅速成长起来。

1934年，这位年仅22岁的学生工程师于柏林大学毕业，并获得了物理学博士学位。他写的论文被评为最高等级——特优。论文论述了液体推进剂火箭发动机理论和实验的各个方面，开创性地分析并解决了包括发动机中发生的复杂喷射、雾化、燃烧、离解、气态平衡和膨胀等一系列关键问题。但是因为军事安全方面的原因，这篇论文长期不允许发表。直到第二次世界大战之后，军事限制取消了,这篇论文才得以印刷出版。大约 30 年后,德国宇宙飞行协会还将该文作为其正式期刊的特刊重新出版。

## 二、从 A-1 到 V-2

实际上,无论奥伯特小组还是内贝尔火箭小组都没有像样的经费来源,只能依靠宇航爱好者的捐助和义务劳动以及通过宣传和发射表演获得其他一些社会赞助。这与几年前美国的火箭先驱戈达德的境遇何其相似。1926 年 3 月,戈达德在几个助手的帮助下,第一次把世界上首枚液体燃料火箭发射出去,虽然上升高度只有 12.5 米,水平飞行距离仅 56 米,但在之后的十几年里,他和妻子仍坚持进行火箭研究。然而,没有较多的经济来源,要发展可供实用的液体燃料火箭技术是根本不可能的。到二战前,戈达德的工作已处于停滞状态。

1932 年春天,德国火箭小组的工作终于引起了德军军械部的注意。火箭技术并未被《凡尔赛和约》所禁止,当年起草该和约时人们还没有考虑到火箭的发展。军械部希望德国能发展一种液体推进剂火箭,可以用工业方法生产,射程比任何大炮都远。经过几次接触,军械部发射技术及军火弹药主任卡尔·贝克尔上校同意给布劳恩和内贝尔的小组一定的财政支持,条件是试验小组得准备在一个陆军基地的围墙内秘密地进行工作,并接受军方的领导。内贝尔等人因不愿受到约束拒绝了这个条件。然而冯·布劳恩心中有数,玩具般的"米拉克 2 号"实际上只是为制造真正的液体推进剂火箭而进行的一次微不足道的尝试。他脑子里反复地思索着陀螺仪控制、燃气舵、致动器、熄火控制、供给泵、电磁活门等问题。他已经意识到，仅仅依靠个人的努力走不了多远。液体燃料火箭的整体结构、装置、元件和材料都必须以最轻的重量承担极大的负荷。要取得成功，首先就得开始大规模的试验计划，陆军的资金和设备，似乎是通向真正的宇宙航行的唯一切实可行的途径了。

从1932年11月起，冯·布劳恩继续在柏林大学注册上学的同时已经是陆军的一个不穿军装的雇员了，任务是发展液体推进剂火箭。他在库莫斯多夫靶场的混凝土试验井里建立了他的实验室，只有一个助手。到1933年1月，他们制成了第一台供试车台试验用的小型水冷式发动机。在第一次试验中，这台很小的发动机竟然产生了140公斤的推力，持续60秒钟，当局大为惊异。

后来的试验却屡遭挫折。冯·布劳恩记得内贝尔说过，现代发明主要就是把已知的、现成的部件组合在一起。仅仅有钱还不行。在陆军的支持下，他找来焊接、仪器制造等各方面的行家，组成了他领导的第一个完整团队，通力协作，造出了300公斤推力的液氧—酒精发动机，通过了静态试验。而装有这种发动机的A-1火箭用了六个月时间才造出来。发射试验时，点火还不到半秒钟，火箭就炸成了碎片。原来是点火过晚，在燃烧室里积累了过多可燃混合物。

由于某些原因，他们并没有制造第二枚A-1，而是彻底重新设计了一种新的火箭，即A-2。原先装在A-1头部的大飞轮，被移到两个燃料箱中间靠近重心的地方，这个陀螺将起稳定作用。陆军部决定将原来秘密研究火箭车的经验丰富的团队并入冯·布劳恩的队伍，大大加强了他的研制实力。

1934年12月，圣诞节前几天发射了两枚A-2火箭，都达到大约1.5英里的高度，试验获得了成功。陆军部立即拨出更多经费，研制团队士气大振。冯·布劳恩于是着手研究进一步改进的火箭——A-3。这种火箭将首次装备完整的三维陀螺仪控制系统、控制火箭姿态和方向的燃气舵和燃气舵致动器，并能携带相当重量的记录仪器。其中陀螺仪控制系统是由一位奥地利原舰长兼陀螺仪权威设计者设计的，后来发现存在严重缺陷，导致1937年的三次A-3火箭发射都失败了。后来经过局部改进的A-3火箭起名为A-5。A-4这个名称，准备留给一个更加雄心勃勃需要更多研制时日的火箭工程，他们原本希望在A-3之后制造该种火箭。

1937年4月，库默斯多夫的火箭专家搬到波罗的海之滨的佩内明德，这里已经建起了复杂的综合性火箭制造和试验设施。原来，两年前德国空军的官员看到冯·布劳恩的工作后，意识到火箭在航空方面的潜力，决定投入500万马克，建设新的火箭设施。战争期间，在佩内明德工作的人达数千之多。为了加快进度，除了增加上千名劳动力以外，冯·布劳恩还邀请了36名工程学、物理学和化学教授到佩内明德来，举办"献智日"，目的是要引起他们的兴趣，得到帮助。

希特勒注意到冯·布劳恩的工作是在1939年。3月23日希特勒来到冯·布劳恩以前在库默斯多夫炮兵射击场的试验站。一开始，他听冯·布劳恩说A-5只不过是一个研究用的不能带弹头的火箭，大失所望。但是当他听到A-5的放大型A-4能把一吨爆炸物载送到180英里以外时，他就比较有兴趣了，问研制这样的导弹需要多长时间。实际上，在1943年看了一部关于处于试验阶段的A-4（后来的V-2）火箭成功发射的影片之前，希特勒一直怀疑大型火箭永远上不了天。

1943年7月，冯·布劳恩在东普鲁士的总部第二次见到了希特勒。希特勒正为德国城市不断遭到同盟国轰炸而暴跳如雷，决定把A-4（V-2）的生产列为全国最优先的项目。当时，冯·布劳恩提到火箭将以每秒1000多米的速度撞击地面，触地时的冲击力将使破坏作用成倍提高。希特勒低着头听冯·布劳恩把话讲完，说道：

教授，我不能接受这种理论。在我看来，触地速度如此之快，唯一的结论是需要一种极其灵敏的引信，才能保证弹头正好在触地时爆炸。否则弹头就会钻到地下去，爆炸只能掀起一大堆泥土。

希特勒的看法，致使一种新型引信系统的产生。
冯·布劳恩认为：

希特勒也许是个疯子，但他并不愚蠢。

V-2火箭的第一次发射是在1942年春进行的。火箭轰鸣着上升了一秒钟，便重重地落了下来，在巨大的爆炸声中炸得粉碎。近一个月后，第二枚V-2突破了令人担心的音障而继续上升，突然间，它开始摇晃起来，随后在空中解体了。后来知道，这是由于外壳强度不够。1942年10月3日发射的第三枚V-2飞行十分成功，到第63秒时导弹还看得见，之后便渐渐消失了。火箭达到的最高高度是85公里，射程达190公里，横向偏差4公里。虽然射程没有达到设计预定的275公里，但是火箭专家们已经喜出望外。当时看来，V-2是个庞然大物，长约14米，直径约1.5米，重约14吨。大型火箭梦想已经变成现实。

在冯·布劳恩的主持下，V-2火箭取得的技术突破，除了陀螺仪—燃气舵控制系统外，还包括：垂直发射方式；利用液体燃料冷却燃烧室壁和喷口壁的方法；利用过氧化氢接触高锰酸盐产生蒸汽推动燃料泵的装置；最大飞行速度达到1.5公里/秒；超音速空气动力学和弹道学方面的一系列进展。很多年后，冯·布劳恩还得意地说：

> V-2导弹是一种很好的火箭，它唯一的毛病是落在一个错误的行星上了。

当V-2（A-4）计划取得突破之时，德国的特殊作战计划——核弹计划也在紧张进行。1943年8月17日星期二下午，挪威威默克重水工厂的高级德国军官聚集在佩内明德最高主管多恩贝格尔将军的办公室，讨论加速生产问题。冯·布劳恩是最激动的一个，他大声说道："我们首先应该在和平与平静中发展，我们必须大量生产重水，并且加快特殊作战计划。"但是就在那天晚上，英国皇家空军的数百架四引擎轰炸机炸毁了威默克重水工厂的设施。几乎与此同时，英国皇家空军还把佩内明德和三家被指定大量生产 V-2 的工厂夷为平地。战后的资料表明，高度保密的 V-2 计划和特殊作战计划已为英国所获知，情报是由著名的间谍"秃鹰"——保罗·洛斯伯格提供的。

德国的核反应堆计划由于失去关键的中子减速剂重水而停滞不前，V-2 导弹的生产却在继续。1944 年 9 月 8 日，德国人在荷兰海牙郊外发射了第一枚用于实战的 V-2 导弹。发射后不到 6 分钟，这枚带有 1 吨炸药的火箭在伦敦附近的奇齐克爆炸，造成严重破坏。每一枚批量生产的 V-2 导弹需要大约 38000 德国马克，不到一架战斗机的五分之一，是一种比较便宜的武器。二战期间数千枚 V-2 导弹的攻击造成英国巨大的损失。资料表明，2742 人被 V-2 炸死，6467 人受伤，大量建筑物被毁。不过，由于盟军掌握了制空权，空袭对德国造成的损失更大。

冯·布劳恩的研制班子在 1945 年初被迫撤离佩内明德之前，已经开始转向研制射程约为 375 英里的有翼 V-2（A-9），但没有完成。他还曾设计过一种推力达 200 吨的火箭助推器 A-10，以及以它为基础的洲际多级火箭，但战争的失败已经临近。

## 三、从"头脑财富"到美国英雄

冯·布劳恩的火箭班子来到美国完全是一件两相情愿的事情，1945 年 1 月的最后几天，冯·布劳恩召开了一次绝密的高级人员会议，讨论万一德国失败他们的去向。决定十分一致，全都赞同向美国投降。不久，他们奉命从佩内明德撤到哈次山脉附近的布莱罗德小镇。3月，他们又被党卫军转移到巴伐利亚南部。5月初，布劳恩的队伍主动向美军第44师投降，他们还巧妙地保存了大量有关导弹计划的秘密文件。当时这些火箭专家究竟抱着何等诚意想为美国服务，已经难以证实，德国的武器曾经给英国、苏联和欧洲的其他部分造成了巨大破坏，但对美国本土毕竟没有带来直接的破坏。也许美国人在这方面的怨恨情绪会少一点。

托夫托伊是当时美国驻欧洲军械技术情报组组长。他和冯·布劳恩见过面后，建议把这一批实际设计和研制V-2的科学家带回美国。他感到他们所能传授的知识，比任何战地情报组专门收集的知识都要多。他拟定了一个118位德国专家的名单，目的是要组成一个前往美国的配套齐全的班子，要第一流人才：有创造性的设计师、科学家，以及不但能帮助装配和发射缴获的V-2，而且能继续研制复杂武器系统的试验工程师，这就是所谓"头脑财富"。1945年9月冯·布劳恩来到美国。按照"文件夹合同"，冯·布劳恩的班子要为美国的火箭研制提供全面协助。从1946年初到1951年7月1日，冯·布劳恩的班子协助陆军军械署导弹技术人员、布利斯堡的导弹营和通用电气公司，制造和发射了70枚V-2火箭。

1947年3月1日，他与姨表妹玛丽亚·冯·克维施托普在兰兹胡特结婚后，就和这位白肤、金发、碧眼的美丽姑娘一起回到美国。1948年12月生了小艾里斯。1955年4月15日，包括冯·布劳恩在内的40名德国人及其妻子儿女在亨茨维尔城被宣布成为美国公民。

1950年美国陆军制定了第一个大型导弹计划，即红石计划。当射程200英里的火箭研制工作取得迅速进展时，有些人提出了集中研究500英里、1000英里，甚至射程更远的导弹的设想。第二年国防部长下达指示，同意有关建议，把红石火箭最后研制任务交给冯·布劳恩的班子，并把这种火箭列为重要项目。1953年8月，红石火箭试飞成功。它最突出的特点是拥有当时最先进的制导系统。该系统由一个带有空气轴承陀螺仪的稳定制导平台、空气轴承加速度表和空气轴承校平摆组成，精确度极高，提高了导弹的命中精度。红石导弹还首次在自动控制装置中用晶体管代替电子管，不仅减少了重量，还大大提高了可靠性。

1956年2月1日陆军弹道导弹局成立，任命冯·布劳恩为该局发展处长。这个局的任务包括导弹研究和试制、元件装配、样品生产、静态试验和发射、后勤保障和野外维修问题。到1957年12月，该局已经发展到4100名文职人员，还有1300名军事编制人员。红石火箭成功后，1955年又开始了丘比特计划。1957年5月31日，丘比特火箭飞行第一次获得圆满成功。这说明，美国的中程弹道导弹计划进展顺利。不久，意外的情况突然出现。1957年10月4日苏联成功地发射了世界上第一颗人造地球卫星，走在美国前面。消息传来，朝野一片哗然。11月3日，苏联人又利用人造卫星2号把小狗"莱伊卡"送入轨道，有效载荷为1100磅。这清楚地表明，苏联人已具备发射洲际弹道导弹的能力。

早在1954年春天，冯·布劳恩就建议把红石导弹和"火神式"导弹结合起来，把一颗5磅的卫星送入轨道。但是官方决定支持海军的并无把握的"先锋号"卫星计划,不允许"二等公民"发射美国第一个航天器的思想占了上风,把冯·布劳恩晾在一边。"先锋号"的预算估计为1100万美元。结果,整个计划从头至尾一切费用的总预算多达1.11亿美元。最糟糕的是,这项计划一再后延,屡遭失败,甚至连许多研制人员都失去了信心。

听到苏联发射人造卫星的消息之时,冯·布劳恩的脑子里已经装着一份说明陆军弹道导弹局能力的财产清单,他已经把该做的每一步工作都反复想过千遍。冯·布劳恩和他的上司共同商量,决定代表陆军正式向国防部建议,修改红石发动机,利用在丘比特-C计划中积累起来的知识和导弹构件,在90天内把一颗美国卫星送入轨道。

1958年1月31日下午10时55分,冯·布劳恩用红石战术导弹、一些小型研究用火箭和"中士式"发动机拼凑起来的粗笨的混合运载火箭,在佛罗里达州卡纳维拉尔角终于点火起飞了。114分钟后,圣迭戈观测站收到了"探险者1号"卫星发出的信号,证明发射成功了。冯·布劳恩上了《时代》杂志的封面。白宫举行盛大的仪式,艾森豪威尔总统向冯·布劳恩颁发美国公民服务奖。到处都安排了庆祝活动,导弹研制基地所在的亨茨维尔市街上人们载歌载舞。沃纳·冯·布劳恩博士成了一个民族英雄。

此后两年,冯·布劳恩班子一直在卓有成效地进行"探险者"系列卫星计划和"先驱者"计划。1960年7月,冯·布劳恩雄心勃勃的土星计划启动了。此后不久,艾森豪威尔总统决定把4000人的冯·布劳恩班子转让给1957年底成立的国家航空航天局。从"土星1号"火箭上,可以看到 V-2 以及 A-10 捆绑式发动机放大以后的影子。"土星1号"和土星1B 虽然已经是庞然大物,但要实现把美国人送上月球的目标,还需要更加强大的运载工具——"土星5号"第一级。它的推力大约为 770 万磅,有五台 F-1 发动机,每台 F-1 所能生产的推力,要比可靠的"土星1号"整个第一级的总推力 150 万磅还多。

"土星5号"装配好以后,竖起来高达 363 英尺,加满燃料重量将近 640 万磅。后来,它成功地把"阿波罗"8号、9号、10号、11号、12号、13号、14号、15号、16号和17号送上太空。当"阿波罗11号"航天器把宇航员阿姆斯特朗等三名宇航员送上月球,并且使他们返回地球后,全世界都为之震惊。理查德·尼克松总统说:"这是自上帝创世以来世界历史上最伟大的一星期。"此时,美国的航天技术在全世界首屈一指,已经是毫无疑义了。冯·布劳恩在科学界的声望也达到了新的高度。

1970年,新任的国家航空航天局长托马斯·O. 佩因博士把冯·布劳恩调到华盛顿,任命他为代助理局长,负责制订未来的计划,分配给他的头一项任务是争取国会批准一项载人火星计划。考虑到费用太大,国会无意通过这样一项超级阿波罗计划。冯·布劳恩面临的另一项难题,是在经费大大压缩的情况下如何挽救原定需要 100 亿美元的航天飞机项目。他花了一个月的时间搞出了一种新的航天飞机构型,可以节约 50 亿美元!新设计的关键是:原来设计的有翼返航助推器将用固体燃料火箭助推器代替。这种助推器可以用降落伞落在海洋上,进行回收,下次再用。这是一种简化的航天飞机，成本降低了一半。如果不是冯·布劳恩的努力，航天飞机可能至今仍只是一种设想。

## 四、"三位一体"的开创者

按照赫尔曼·奥伯特教授的说法：

> 沃纳·冯·布劳恩是人类进入宇宙的先驱者。尽管障碍重重，但他对自己的目标从不动摇。他是新技术的创造者之一。他代表着一种新型的科学家，集学者、工程师和管理人员于一身。

冯·布劳恩像其他杰出的学者一样，富于幻想，具有出众的想象力。他早年的幻想通过自己和同行的努力一个又一个变成了现实。为了吸引更广泛的支持，他在1948年甚至写了一部小说，来探讨大规模火星探险的可能性。在书中他探讨了和火星探险有关的许多技术问题和非技术问题。冯·布劳恩设想，用10艘航天飞船组成一支飞向火星的船队，最后将有7艘飞船回到地球附近，所有乘员利用3个返回舱回到地面。冯·布劳恩把稿子寄到各个出版社去，结果一连18家美国出版社都拒绝了他的稿子。最后，还是一位专业作家把它改写成一部扣人心弦的科学幻想小说才得以出版。但是因做了太多的改动，致使冯·布劳恩最后退居为合著者。

早在1952年3月，冯·布劳恩在《柯里尔》杂志上发表的一篇文章里就描绘了一幅载人航天站的蓝图。他估计，要建立这种航天站可能需要为时 10 年的技术准备，花费约 40 亿美元。实际上，这应该看作是今天国际空间站的雏形。他在 1952 年的另一篇文章中还写道："这种航天站可以改装成一种极其有效的原子弹运载工具。"在这里，我们似乎可以看到里根"星球大战"计划的影子。

必须指出，冯·布劳恩在宇航方面的想象力和远见，并不能保证他具有世界政治的远见。在希特勒政权得势之时，他全心全意地发展远距离报复性杀伤武器，这似乎与后来的宇航巨人形象不符。原冯·布劳恩班子的一位高级人员的话可以解释这一点。他曾经说："尽管冯·布劳恩从小就热心搞空间研究，但是我们大多数人对于同盟国猛烈轰炸德国是有切肤之痛的，死了那么多德国平民。当第一枚 V-2 击中伦敦的时候，我们是喝了香槟酒庆祝的。干吗不呢？我们还是说实话吧，那是战争。虽然我们不是纳粹分子，但是我们还要为祖国而战。"

无论对德国还是对美国，冯·布劳恩都表现出很高的"爱国"热忱。在战争期间，由于他的贡献，希特勒授予他"荣誉教授"称号。在美国，他得到了艾森豪威尔总统颁发的美国公民服务奖。在他看来，当他的国家——不管是对还是错——处于战争状态时，他已经作出最大努力，尽了他自己认为的爱国义务：帮助它取得了一种强有力的新式武器。二战结束后，他认为自己新的义务是从德国崩溃的废墟上，把以后征服宇宙空间可利用的极其宝贵的成果拯救出来，并献出他的本领，抵销自己的罪责，自愿地为美国服务。

对待潜射导弹的态度就是一例。在佩内明德，冯·布劳恩和他的班子曾在 1943 年初主动参与试验可从水下潜艇上发射的火箭。不久，冯·布劳恩派他团队中一些最优秀的人员去研制能够运载 V-2 火箭的潜水驳船，在 1944 年初就获得成功。这种潜水驳船可以在潜水艇的牵引下，向海岸内陆发射导弹，但是未来得及批量生产。1956 年，冯·布劳恩又旧事重提，说服美国海军，用远洋船只甚至用潜艇来发射中程弹道导弹。

作为具有柏林大学博士学位的工程师，冯·布劳恩对理论研究的热爱是不言而喻的。但是，他对动手实践的能力也极为重视。他到美国多年以后还对中学时期的动手课程念念不忘：

> 用双手劳动、建筑堤坝，使施皮克罗格岛的学生理解并看重给工人分配工作的实际意义。我肯定，要不是我在赫尔曼·利茨制度下接受了"弄脏双手"的训练，我后来的工程教育就不完整。

他对进入工学院时的学徒工经历也赞赏有加。他说，在工厂当了六个月工人，对实际工程问题的理解比大学的任何一学期都要深刻。当年工学院毕业时，他甚至还考取了飞机驾驶员执照。

冯·布劳恩深厚的理论素养和丰富的工程经验，使得一些别人苦恼多日的难题碰到他都迎刃而解。有一次一位工程师在用真空泵控制航天器内部湿度时一筹莫展。冯·布劳恩看了看，说道："你们应当变变戏法——把真空泵送到外层空间的真空中去不好吗？"结果按这个办法效果非常好。

冯·布劳恩把航天工程的质量视为生命。他时刻梦想着能有那么一天,航天火箭会变得和航空班机一样可靠。他坚持对元件和机器进行反复试验。他强调保持一切管道、阀门和燃烧室洁净的重要性。他要求全体人员和承包商的工作都像瑞士手表那样精密准确,不出任何差错。冯·布劳恩认为,火箭的质量和可靠性不是通过检查得到的,必须依靠制造过程中的一丝不苟,要以一种完全的宗教虔诚来进行工作。

也许更为突出的是他对团队的组织和领导才能。按照赫尔曼·奥伯特教授的说法:

> 沃纳·冯·布劳恩像一个乐队指挥一样,指挥着各种独奏演员,并懂得怎样把他们引向一个共同的目标……他的成功是建立在他的天才和干劲的基础上的,但是他的人品也同样重要。

冯·布劳恩上中学时曾成功地说服校长买了一台5英寸的天文望远镜,并在同学中组织了一个土木建筑小组,建造天文台的外围结构。这初步显示了他的组织才能。

冯·布劳恩主持会议的办法独特而又巧妙。让每个人都有机会发言以后,再把大家的意见综合起来,使每个人都感到自己对他所规定的目标和提出的行动纲领出过主意,因而必须承担义务。然后他又转向那些在讨论中持不同意见的人,问道:"这个意见你听了怎么样?可以求同存异吗?"他们总是这样回答的:"我将尽力支持。"会议结束时,每个人都知道要做什么,而且冯·布劳恩还对将要作出贡献的每个实验室的实力和弱点、有利和不利条件都了如指掌。

在冯·布劳恩的项目里，彼此密切配合的理念占有重要地位。几乎在有关火箭或宇航技术发展的每一次讨论中，他都会使用"集体"或"协作"这样的字眼。他认为，就像打棒球一样，固然需要优秀队员，但是这些队员之间互相配合的好坏才决定着他们是劲旅还是弱队。冯·布劳恩曾说，一个火箭计划要取得成功，很大程度上依赖于对在试验飞行中看到的故障进行又快又准的分析能力。显而易见，整个项目的地理布局和组织体系越分散，这个任务就越艰巨。因为越分散越容易造成误解，研究人员越难形成一个统一的集体，越难使足够的人员熟悉整个系统，而整个系统的每一个组成部分都有出问题的可能。

他认为：靠管理部门的命令，人为拼凑起来的研制机构，在高级导弹系统的竞赛中是没有成功的希望的。这类任务只能由一个和谐稳定的工作团队来完成。按照冯·布劳恩的看法，一个优秀的集体，无论是棒球队还是导弹研究班子，都应具备用朴素的科学语言难以评估的某些特点。在一个优秀的集体里，有一种归属感、自豪感、集体荣誉感，使大家的行动带有自发的成分。一个优秀的集体应该像一棵树或一株花一样，慢慢地有机地成长。如果操之过急，往往要出毛病。施肥过多，花会枯死。不管是科学家、工程师还是机械师，都必须学会正确评价同事的才能和造诣。

冯·布劳恩还曾说，应该最大限度地委派权力，被委以重任的人应该谦逊，用专横的方式管理导弹计划不可能成功，有效的上下沟通十分重要。如果一个大型研制机构的具体工作人员想出来的好主意，无法让高级管理部门知道，那么，这个集体就要退化。要让集体中的每一个人都知道，诚实不吃亏，即使有把自己牵连进去的风险也不要紧。像火箭研制这样艰巨的集体任务，绝对的诚实是完全不可缺少的。冯·布劳恩认为，一个优秀的团队需要有健康的新陈代谢速率。他说：

在一个有生气的集体中，每个人都应该有公平的提升机会。没有这种机会，这个集体就会停滞不前，一事无成。

作为一位极有影响力的宇航设计大师，冯·布劳恩具有现在看来似乎过于乐观的宇航理念和技术创新哲学倾向。他最著名的一段话是：有人问我们努力想飞到月球和其他行星上去的目的时，我们也可以用麦克斯韦被问及他研究电磁感应的目的之时所提出的不朽反问来回答："一个新生婴儿出生的目的是什么？"他说，常常听到这样的问题："我们为什么要搞人造卫星？""你们为什么要到月球上去？"提出这些问题是完全无视人类生存的主要动机。人类在重大的挑战面前从来是不示弱的。因此，真正的问题应该是"我们为什么不这样做呢？"

他甚至相信航天事业有利于世界和平。在载人航天尚未实现时，他曾说，航天旅行最有意义的使命是：将来有一天，我们的卫星飞船绕着地球转；轨道站上的人可以看到，在布满繁星的无尽夜空中，我们的星球只不过是许多行星中的一个。到了那一天，在我们居住的星球上将不会再发生自相残杀的战争。整个地球上的人都把目光转向太空，以热切的心情去从事进入深层空间的新冒险。那时候，人类将准备进入漫长的、迄今在地球历史上的第二阶段——宇宙时代。

冯·布劳恩对技术和技术革命的影响十分关注。他认为：技术革命给本行星上人类生存的组织带来了一系列全新的、前所未有的问题。政治秩序的静态形式和迅速变化中的技术状况之间的差别，将来很可能会像过去一样成为不断冲突的根源。每一项重大发明改变人类生存基础的程度都比国家之间签订的条约或政治家之间的协定要深刻得多。

冯·布劳恩承认技术时代存在许多不愉快的方面，但是，对任何一个致力技术进步的文明社会来说——世界上几乎没有一个文明社会是不致力于技术进步的——走回头路是不可能的。而技术革命要保持生气，就必须有科学研究的不断促进。只有注入新发现和新发明的养料，技术革命才能继续沿着进步的道路呼啸前进。对新的研究计划进行评判，单凭直接目的和可能的实际应用是不聪明的，也是不现实的。

从人类社会和历史发展的角度，冯·布劳恩对技术和技术革命寄予了极高的期望。他认为：技术就是征服自然力，技术确实是人类有效地根除奴隶制祸害的第一次机会，也是唯一的机会。只有依靠技术的帮助，人们才有希望建立起一个文化有机体。在这个有机体中，不是只有少数得天独厚、骑在众人头上的人才能得到发展，而是人人都有根据普遍自由的原则发挥自己才能的平等机会。

1972年6月，冯·布劳恩辞去了国家航空航天局代助理局长的职务。他为美国陆军和国家航空航天局工作了27年。他觉得，实际上他对国家航空航天局已经没有多大用处了。因为全面的预算紧缩，很难再为任何重大的新目标开辟新的起点。同年7月，冯·布劳恩加入费尔柴尔德公司，任副总裁之职，主管有关直播卫星、通信卫星、定时卫星等各类实用航天器的开发。

1975年夏天，冯·布劳恩和妻子玛丽亚到加拿大去度假。一天早晨，他发现自己有轻微内出血，感到有点儿吃惊。经过彻底检查，证明他患的是大肠癌，不得不进行了手术。两年后的6月16日，火箭工程的一代宗师冯·布劳恩在弗吉尼亚的亚历山大里亚逝世。

对于一位为自己的空间探索理想不屈不挠、坚持奋斗的人来说，65年的岁月有些短。但是，正如他病重时所表示的，也许他是世所罕见的真正心满意足的人之一。他说：

> 有幸几乎终生身负重任，致力于实现自己童年幻想的人，你还能举出很多来吗？如果我明天就死去，我回顾自己的一生是充实的，激动人心的，深有报偿的。一个人还需要别有他求吗？

（作者：刘二中）

# 参考资料

## 贝尔　有线电话之父

[1] Catherine Mackenzie. Alexander Graham Bell:The Man who Contracted Space [M]. Boston:Houghton & Mifflin Company,1928.

[2] Orlando J. Stevenson. Talking Wire:The Story of Alexander Graham Bell[M]. New York:Messner Incorporated,1947.

[3] David A. Hounshell. Bell and Gray:Contrasts in style,politics,and etiquette[J]. Proceedings of the IEEE,1976（64）:1305-1314.

## 特斯拉　电气化技术的重要开拓者

[1] Ernest V. Heyn. Fire of Gennius[M]. New York:Anchor Press,1976.

[2] Margaret Cheney. Tesla-Man Out of Time [M]. Austin:Prentice-Hall Inc.,1981.

[3] 刘二中. 发明创造的艺术[M]. 北京:科学普及出版社,1988.

[4] 刘二中. 创新工程师指南[M]. 合肥:中国科学技术大学出版社,2005.

## 从波波夫到马可尼　把无线电之蛋立起来的人

[1] Orrin E. Dunlap. Marcon,the Man and His Wireless[M]. New York:The Macmillan Company,1937.

[2] 马克·拉伯伊. 古列尔莫·马可尼传:联络世界的人[M]. 蔡留琴,殷倩,译. 长沙:湖南科学技术出版社,2022.

[3]季米赖席夫.俄国物理学史纲(下册)[M].蔡宾牟,叶叔眉,译.上海:科学技术出版社,1957.

## 肖克利　毁誉参半的半导体科学家

[1] Joel N. Shurkin. Brocken Genius-The Rise and Fall of William Shockley, Creator of the Electronic Age[M]. New York:Macmillan,2006.

[2]赖尔登,霍德森.晶体之火——晶体管的发明及信息时代的来临[M].蒲根祥,译.上海:上海科技出版社,2002.

[3]汪华英,姜璐,赵铮,编.诺贝尔演讲全集/物理卷[C].福州:福建人民出版社,2003.

[4]许乔蓁.晶体管效应的发现[J].自然辩证法通讯,1988(5):50-57.

[5]任白涛.优生学与遗传及其他[M].上海:商务印书馆,1934.

[6] Nicholas Agar. Liberal Eugenics:In Defence of Human Enhancement[M]. Malden,MA:Blackwell Pub.,2004.

## 冯·卡门　航空航天中的乘风扶摇者

[1]冯·卡门,李·埃德森.冯·卡门:航空航天时代的科学奇才[M].曹开成,译.上海:复旦大学出版社,2019.

[2] S. Goldstein. Theodore von Kármán,1881-1963[J]. Biographical Memoirs of Fellows of the Royal Society of London,1966(12):335-365.

[3] H. L. Dryden. Theodore von Kármán[J]. National Academy of Sciences, Biographical Memoirs,1965(38):344-384.

[4] M. H. Gorn.The universal man:Theodore von Karman's life in aeronautics[M]. Washington:Smithsonian Institution Press,1992.

## 雅科夫列夫　苏联传奇飞机设计师

[ 1 ] A. S. Yakovlev. Gool of Life[ M ]. Moscow:Poitizdat,1972.

[ 2 ] Bill Gunstoon. Yakvlev Aircraft since 1924[ M ]. London:Putnam Aeronautical Books,1997.

[ 3 ] J. Taylor. History of Aviation[ M ]. London:New England Library,1978.

[ 4 ] Douglas Rolfe. Airplanes of the World[ M ]. London:William Kimber,1971.

[ 5 ] М. С. Арлазоров. Артём,Микоян Москова:Молалая,Гвартя,1978.

[ 6 ] 李树山. 世界空军史[ M ]. 北京:军事科学出版社,1997.


## 科罗廖夫　从囚徒到苏联运载火箭之父

[ 1 ] Чертов Б. Сергей Королев：безымянный главный конструктор[ J ]. Вестник Российской академии наук,2007（10）:56-69.

[ 2 ] Королева Наталия. С.П.Королев отец к 100-летию со дня рождения. Книга первая 1906–1938 годы. Москва:Наука,2007.

[ 3 ] Ребров Михаил. Сергей Павлович Королев жизнь и необыкновенная судьба. Москва：Олма-пресс,2002.

[ 4 ] Романов Александр. Королев. Москва：Молодая гвардия ЖЗЛ,1996.

[ 5 ] Томский В. Неизвестный Королев главный конструктор будущего. Москва：Яуза,2011.

[ 6 ] Ветров Г С. С.П.Королев и космонавтика. Первые шаги. Москва：Наука,1994.


## 冯·布劳恩　20世纪火箭工程的奠基人

[ 1 ] Bob Ward. Mr. Space:The Life of Wernher von Braun[ M ]. Washington,D. C.：Smithsonian,2004.

[2] Wernher Von Braun. Space travel:a History [M]. New York:Harper & Row, 1985.

[3] Frederick Ira Ordway. The Rocket Team [M]. New York:Crowell,1979.

[4] Erik Bergaust. Wernher von Braun [M]. Washington,D. C.:National Space Institute,1976.

# 人名对照表

（按外文姓氏的首字母排序）

**B**

培根——Francis Bacon

巴尔基尼——Р. Л. Бартини

巴丁——John Bardeen

贝克尔——Karl Becker

贝克曼——Arnold O. Beckman

贝尔——Alexander Graham Bell

布兰克——J. Blank

玻尔——N. Bohr

玻尔兹曼——L. Boltzmann

邦丢派迪阿——P. K. Bondyopdhyay

玻恩——M. Born

布拉德福德——Cora May Bradford

布冉利——Edouard Braolley

布拉顿——Walter H. Brattain

布劳恩——Karl Ferdinand Braun

冯·布劳恩——Wernher von Braun

巴克莱——Oliver Buckley

**C**

克鲁克斯——William Crookes

居里夫人——M. Curie

**D**

达文波特——Charles Davenport

德拜——P. Debye

多恩贝格尔——W. Dornbeger

**E**

艾伯哈德——Martin Eberhard

爱迪生——Thomas A. Edison

爱因斯坦——A. Einstein

埃利斯——Alexander John Ellis

耶尔莫拉耶娃——Н. И. Ермолаева

伊留申——С. В. Ильюшин

欧拉——Leohard Euler

**F**

法拉第——Machael Faraday

法默——Moses G. Farmer

富勒——Sarah Fuller

## G

高尔顿——Francis Galton
加菲尔德——James A. Garfield
高斯——Karl F. Gauss
格鲁什科——В. П. Глушко
戈达德——H. Goddard
格利卓杜波娃——В. С. Гризодубова
格罗莫夫——М. М. Громов
格雷厄姆——Robert K. Graham
格雷尔——Holy Grail
格雷——Elisha Gray
格利尼克——V. Grinich

## H

海因克尔——Ernst Heinkel
亥姆霍兹——Hermann von Helmholtz
亨利——Joseph Henry
赫兹——H. Hertz
赫维希——George de Hevesy
希尔伯特——D. Hilbert
赫尔尼——Jean Hoerni
哈伯德——Gardiner Greene Hubbard
哈伯——Heinrich Huber

## J

乔安斯——V. Joans

## K

西奥多·冯·卡门
　　——Theodore von Karmán
凯勒——Helen Keller
凯利——Mervin Joe Kelly
克莱因——M. J. Klein
克莱纳——Gene Kleiner
开尔文——Kelvin
克纳皮克——Dean Knapic
科罗廖夫
　　——Сергей Павлович Королев
克列梅诺夫——И. Т. L Клейменов

## L

兰格马克——Г. Э. Лангемак
兰利——Samuel Langley
拉斯特——J. Last
劳厄——M. T. F. von Laue
莱德伯格——Joshua Lederberg
列昂诺夫——А. А. Леонов
利林费尔德——Julius Lilienfeld
洛奇——O. J. Lodge
洛伦兹——H. A. Lorentz

## M

马可尼——Marchese Guglielmo Marconi
麦克斯韦——John Clerk Maxwell
米高扬——А. С. Микоян
梅塞施密特——W. Messerschmitt
密立根——R. A. Milikan
米里——М. Л. Миль
闵可夫斯基——H. Minkowski
米切尔——R. Mitchell
门罗——Lewis Monroe
摩尔——G. Moore
摩根——S. Morgan
摩根——John Pierpont Morgen
莫尔斯——P. Morse
马斯克——Elon Reeve Musk
米亚希贤夫——Б. М. Мясищев

## N

内贝尔——Rudolf Nebel
诺伊斯——R. Noyce

## O

奥伯特——Hermann Julius Oberth

## P

佩因——Thomas O. Paine
皮尔森——Roger Pearson
皮尔逊——Gerald Pearson
佩德罗二世——Pedro Ⅱ
别特利亚科夫——В. М. Петляков
皮尔斯——John R. Pierce
颇别多诺斯采夫
　　——Ю. А. Победоносцев
普朗克——Max Planck
庞加莱——H. Poicare
鲍因托夫——Alexander M. Poniatoff
波波夫
　　——Александр Степанович Попов
普朗特——Ludwig Prandt
普利斯——William Preece

## R

里德尔——Klaus Riedel
罗伯茨——S. Roberce
卢瑟福——E. Rutherford

## S

桑德斯——Thomas Sanders
薛定谔——E. Schrodinger
肖克利——William Bradford Shockley

斯莱特——John C. Slater
斯特恩斯——J. B. Stearns
沙利文——Annie Sullivan

## T

泰恩特——Charles Sumner Tainter
塔彭宁——Marc Tarpenning
捷列什科娃——В. В. Терешкова
特斯拉——Nikola Tesla
W. 汤姆孙——W. Thomson
汤普森——Willam Thompson
吉宏拉沃夫——М. К. Тихонравов
托夫托伊——Holger N. Toftoy
古列维奇——М. И. Туревич
图波列夫——А. Н. Туполев

## V

温采吉尼——К. М. Винцентини

伏打——Volta

## W

沃森——Thomas A. Watson
威斯汀豪斯——George Westinghouse
惠斯通——Charles Wheatstone
惠特尔——Frank Whittle
威兰斯——Charles Willams
莱特兄弟——Wright Brothers

## Y

雅科夫列夫——Александр Сергеевич Яковлев

## Z

仓德尔——Ф. А. Цандер
齐奥尔科夫斯基——К. Э. Циолковский